UN251438

推薦のことば

もたない経営が時代の潮流になりつつあります。ファブレスやマーケットプレイス、ソーシャルネットワーク、シェアリングエコノミーなどなどさまざまな企業が、インターネットが生まれたことによってもたずに成長するビジネスモデルで大きな成長をしています。

本書で紹介されているクラウドファンディングという概念も、もたずに成長するきっかけをつくる仕組みです。もちろん、いまのところ国内のクラウドファンディングには寄付型や購入型と呼ばれる形態が多く、その範疇においては大きな成長を生み出すにはまだ至っていないのが現実です。しかし今後、金融業界の規制緩和がさらに進み、金融型が増えてくると、フィンテックと組み合わさることで爆発的な成長が期待されることは間違いないでしょう。

本書ではクラウドファンディングについて網羅的かつわかりやすい説明がされていて、クラウドファンディングへの投資に興味をもたれた方にお薦めの本です。また新しい事業を立ち上げる際には、さまざまな資金調達の方法がありますが、それらを学び、かつクラウドファンディングの利点を学びたいという起業家にも、わかりやすさの観点からやはりお薦めの本です。

著者の佐々木さんは単なる評論家ではなく、実際に私もかかわっている筑波フューチャーファンディングというクラウドファンディングの代表を務め、クラウドファンディングのむずかしさを熟知されています。しかし、この日本で産業や雇用を増やすためには起業家を支援する仕組みが必要という強い情熱からこの組織を運営されていて、今後もぜひ応援していきたいと考えています。

2016年4月

C Channel株式会社 代表取締役社長
（LINE株式会社 元代表取締役社長）

森川 亮

プロローグ

まずは突然だが、読者の皆さんに次のクイズを出したい。
①中国のアリババ集団（注1）、②アメリカのフェイスブック（Facebook：FB）（注2）、③同国のエアビーアンドビー（注3）、④同国のウーバー（Uber）テクノロジーズ（注4）。なかには名前しか聞いたことがない人もいるだろうが、いずれも近年、大成功を収めている企業だ。

（注1）**アリババ集団**：中華人民共和国の情報技術関連企業グループであり、持ち株会社。本社は浙江省杭州市。企業間電子商取引（B2B）のオンライン・マーケットを運営。240あまりの国家と地域にて5340万以上の会員を保有。2014年ニューヨーク証券取引所（NYSE）上場（時価総額はトヨタを超える25兆円に）。1999年創立。

（注2）**フェイスブック（Facebook）**：インターネット上のソーシャル・ネットワーキング・サービス（SNS）であるフェイスブックの運営会社。FBは2004年にハーバード大学生だったマーク・ザッカーバーグが学生向けにサービスを開始した後、06年以降に一般にも公開され利用者が拡大した。日本語版の公開は08年5月。世界中に10億人の

ユーザーをもつ世界最大のＳＮＳである。12年ナスダック上場。

（注３）**エアビーアンドビー（Airbnb）**：宿泊施設を貸し出す人向けのウェブサイトを運営。世界１９２カ国の３万３０００の都市で80万以上の宿を提供している。２００８年８月設立。本社サンフランシスコ。未公開会社。

（注４）**ウーバーテクノロジーズ（Uber Technologies）**：自動車配車ウェブサイトおよび配車アプリを運営。現在、世界58カ国・地域の３００都市で展開。現在の企業価値は約５兆円。２００９年３月設立。本社サンフランシスコ。未公開会社。

さて、この４社に共通した特徴とは何だろうか？　創業が新しく若い組織であることであろうか？

各社の創業した年は、順に、①１９９９年、②２００４年、③08年、④09年となっている。たしかに、創業から日が浅く若い組織であることは素晴らしい特徴である。

しかし、重要なビジネスポイントが別にある。それは各社とも**「それぞれの業界で世界最大級の事業規模でありながら、自らは何も所有していないこと」**――それがクイズの答えだ。

①　アリババは世界最大級のマーケットプレイスを提供するが、**商品在庫は１つもない**。

② フェイスブックは世界最大級のメディアだ。しかし、**自前の記事は1つもない**。
③ エアビーアンドビーは世界最多規模の宿泊施設をそろえていながら、**不動産施設は1つも所有していない**。
④ ウーバーテクノロジーズは世界最大級のタクシー会社だが、**タクシーを1台ももっていない**。

彼らは**インターネット上に用意した管理システムをユーザーや業界他社に「レンタル」することで圧倒的な競争力を手にした**。わずか数年の単位で業界地図を塗り替えている。これら新興勢力の登場に、既得業者・経営者は焦っている。従来のルールでは戦えなくなり、新しいルールに適応しなければ生き残れなくなってきたからである。

つまり、古いルールよりも、それを上回るために発想された新しいルールのほうが時代に即していて先進的で便利なのであり、それが世の中に支持されて、古いルール上で既得権益の「あぐらをかいている者」はいずれ駆逐される運命にある、ということなのだ。

では、ビジネスで勝つための新しいルールの本質とはいったい何なのだろうか？　次にあげる4つのキーワードが21世紀型ビジネスの成功のカギを握るといっても過言ではない。

①「**クラウドソーシング**」

群衆（crowd）と業務委託（sourcing）を組み合わせた造語で、特定の人々に作業を委託するアウトソーシングと対比される。インターネット上のシステムを介して不特定多数の働き手を募るまたは共同でプロジェクトを進める手法である。労働市場の効率化を飛躍的に向上させた。

②「**クラウドファンディング**」⬆本書のテーマ

インターネット上のシステムを介して不特定多数のクラウド（crowd）から資金を募るファンディング（funding）手法である。資金調達の手段の多様化はビジネスの成功機会を飛躍的に向上させた。

③「**シェアリングエコノミー**」

ものや情報、サービス、お金、そして人材をも所有せずに共有するという考え方である。いまや世界共通の常識へと向かいつつある。

④「**ゲーミフィケーション**」

遊びや競争など、人を楽しませて熱中させるゲームの要素や考え方を、ゲーム以外の分野でユーザーとのコミュニケーションに応用していく手法である。そこにはワクワクして「人が集まり、参加してみたくなる」仕掛けとして、ビジネス上でも高い評価が固まりつつある。

これらの法則の成立にはインターネットの存在が必要条件だった。インターネットが民間に普及してビジネスでの活用が常態化したのは、時代が21世紀に差し掛かる前後である。まさにフェイスブックなどのインターネットベンチャーが産声を上げた時期と重なる。

ここで、キーワードを先ほどの成功企業の例に当てはめてみよう。どの企業も複数の法則に該当することがわかるだろう。勝っている企業には勝つべき理由があり、その本質を理解する必要がある。今後、あらゆる業界で冒頭のクイズの答えに該当する若い成功企業がどんどん増えていくことは間違いない。

さて、ビジネスを大きく素早く発展させるための資金が必要だとしたら、読者のあなたはどこからそれを借りてくるだろうか？　従来、選択肢は銀行やベンチャーキャピタルなど大規模の機関投資家に限られていた。しかし近年、その常識が変わろうとしている。

実例をあげよう。2015年6〜8月の3カ月間で、中国不動産大手・大連万達集団(ワンダ・グループ)は商業施設の建設費用を個人投資家などから円換算で、なんと約2000億円近い資金を集めたのだ。この巨額の資金を集めることに成功した「からくりの正体」とは何なのだろうか? その答えが、本書のテーマである**「クラウドファンディング」**と呼ばれる新たな資金調達手法である。

スマートフォン(スマホ)で1000元(約1万9000円)から投資できる気軽さと、年10%を超える配当に投資家が飛びついた。同年6月には3日で50億元、8月にも1週間で2億元を集めたのである。グループの決済子会社で手続するため、手数料ゼロ。時間も短い。中国のネット人口は6億人超でスマホ普及率は9割。クラウドファンディングとの掛け算でケタ違いのマネーが集まるのもうなずける。ちなみに、中国はいまや数字上でアメリカと並ぶクラウドファンディング市場のリード国になりつつある。

さらに、先進地の欧米では多様な貸し手と借り手をネットで直接結ぶ貸付型クラウドファンディング「ソーシャルレンディング」が、銀行にかわる金融仲介手段として定着してきた。2014年末にはアメリカ最大手のレンディングクラブ(Lending Club)がニューヨーク証券取引所（ＮＹＳＥ）に上場、たちまち時価総額が1兆円をつけ話題となった。イギリスでは16年春、ソーシャルレンディングが個人貯蓄口座（ＩＳＡ）の投資（出資）対象となる。ＩＳＡは少額投資非課税制度（ＮＩＳＡ）の手本となった制度であるが、この影響などから10年後のソーシャルレンディング市場は全世界で１００兆～３００兆円まで広がるのでは、との見方も出ている。ただし、その後同社の株価は、融資残高・売上げは順調に伸びているものの低迷、２０１６年5月9日には、社内調査の結果、ローン債権の販売で権利の乱用があったうえ、投資ファンドとの個人的な利害関係を開示していなかったことが判明、創業者で最高経営責任者（ＣＥＯ）のルノー・ラプランシュ氏が辞任する事態となった。あらためてコンプライアンス体制の課題を業界に問いかける事案となった（参照「第4章　クラウドファンディング運営者の課題」）。

クラウドファンディングは、①**不特定多数の個人**が、②**インターネット**上の広告やプレゼンテーションを通じて手軽に、③個人・組織が行おうとする**「課題解決策」**に、④**「共感」「納得」**して、⑤**投資（出資）**できる仕組みを指す。

もともとはスタートアップ企業や個人の芸術家などが数百万円程度の小規模の資金を集

めるため、支援者を募るのに使われていたものの、最近ではクラウドファンディングの対象が広がり、かつ大型化が顕著となってきている。つまり、この新たな仕組みをテコにして、いま事業の資金調達モデルは連鎖的に急変する過程に向かおうとしているのだ。

シリコンバレーでは**「ユニコーン企業」**と呼ばれる企業が急増している。未上場のまま大きくなった企業のことである。シリコンバレーの起業家に当面の目標を尋ねると、従来はＩＰＯ（株式公開）、株式上場と返答されることがほとんどだった。企業を成長させるための資金を調達するには株式の上場を目指すことが〝常識〟だったからである。

しかし、ユニコーン企業は違う。彼らは未上場のまま（幻獣のように世間から姿を隠したまま）、これまでの〝常識を覆す〟クラウドファンディングのような手段で資金を用立てる。つまり、株式相場の変動に業績を左右されずに成長を続けているのである。資金調達手法の多様化がビジネスそのもののあり方も多様化させた具体例であるといってよいだろう。

アメリカ政府は、クラウドファンディングが世に登場してまだ間もなかった２０１２年に法律を制定し、個人投資家の活動の制限を大幅に緩和している。クラウドファンディングの結果、アメリカのベンチャー企業はますます元気で活発だ。そしてニューヨークでは、クラウドファンディングの資金によるビル建設が増加中である。

そして日本。現在、この国は世界的にみても、人材・資金・設備・安全性と何もかも恵まれている。欧米（数字上では中国も）で発達したクラウドファンディング。しかし、その実践は、江戸時代の2人の先達、行政改革者の**上杉鷹山**（注1）や農政改革者の**二宮尊徳**（注2）の精神と相通ずるものがあるのではないかと思う。第5章のテーマでもあるが、地域創生においてはいま一度、この2人の思想・施策などに学ぶべきことが多いのではないだろうか？

（注1）**上杉鷹山**（1751〜1822年）……江戸時代中期、出羽米沢藩主として、藩政改革を行った名君として知られる。さまざまなアイデアについて、人・もの・制度を相互に関連させて改革を進め、結果として人々の生命を守る（米沢藩は天明の大飢饉の時、餓死者を出さずにすんだ）という大きな成果をあげた。

（注2）**二宮尊徳**（1787〜1856年）……江戸時代後半の困窮した農村を救うために、農村復興の方法を実践して、東北地方から九州にまで影響を与えた。尊徳の思想の特色は、自分の利益や幸福を追求するだけの生活ではなく、この世のものすべてに感謝し、これに報いる行動をとることが大切で、それが社会と自分のためになるというものであった。

本書の構成は、以下のようになっている。

・第1章「クラウドファンディング市場の概要と状況」
　クラウドファンディング**市場全体**について説明する。

・第2章「資金調達者（個人・中小ベンチャー企業&ＮＰＯ）」
　クラウドファンディングにおける**資金調達者（起案者）**の留意点などについて述べる。

・第3章「資金出資者とプロジェクト」
　クラウドファンディングにおける**資金出資者（応援者）**と**プロジェクトサクセス**に向けたポイントなどについて述べる。

・第4章「クラウドファンディング運営者」
　クラウドファンディング**運営者（仲介機関）**の経営上の課題や展望などについて解説する。

・第5章「クラウドファンディングと地域創生」
　地域創生は、日本経済活性化にとって最重要課題だ。クラウドファンディングを地域創生にどう生かすべきなのか、またその創生の担い手の中心になるべき**地域金融機関**のあり方にも言及する。

・第6章「クラウドファンディングの課題と金融の未来」
クラウドファンディング市場がさらに発展するうえでの**課題**は何なのか、その所在と対応を考えるとともに、クラウドファンディングがもたらす**既存金融への影響**について述べる。

・第7章「クラウドファンディングの実践――筑波フューチャーファンディング（TFF）ストーリー」
この最終章では、筆者が実践している「**筑波フューチャーファンディング（TFF）**」について、まったくのゼロベースからの立上げおよび現在の状況、そして今後目指すもの等について、苦労談を交えてご紹介する。1人のクラウドファンディング運営者として赤裸々に語らせていただいた。

・コラム「クラウドファンディングとフィンテックの衝撃」
本章では説明しなかった「**フィンテック（FinTech）**」について、簡単に説明した。2016年は、日本における本格的なフィンテック元年になる、といってよいだろう。

以上が本書の構成だが、このなかでは、クラウドファンディングの具体的な参加方法や実例などについてはほとんど説明していない。ややマクロ的視点で、日本におけるクラウドファンディングの活用について解説しているからだ。ぜひ読者におかれては、本書で興味をもったクラウドファンディング運営サイトにまずはアクセスし、いろいろ聞いてみて実際に参加されることを勧めたい。

2016年以降のクラウドファンディング市場は、株式型の運営者（仲介機関）参入が開始され、本格度が増すだろう。また日本の金融パーソンは、いまこそ「金融の役割・ミッション」を再認識して、フィンテック革命（コラム「クラウドファンディングとフィンテックの衝撃」参照）に備え、**「顧客視点の価値に立脚したビジネスモデル」**の再構築を目指さねばならない。さあ、舞台は整った。本書を手にとった方が1人でも多く、自信をもって明日に向かって行動を始めてくれれば幸いである。素晴らしい成果は必ず待っている。

2016年5月吉日

一般社団法人筑波フューチャーファンディング　代表理事
有限会社あおむしマネジメント　代表取締役
佐々木　敦也

目　次

第2章 資金調達者（個人・中小ベンチャー企業&NPO）

第3章 資金出資者とプロジェクト

第4章 クラウドファンディング運営者

第5章　クラウドファンディングと地域創生

第6章 クラウドファンディングの課題と金融の未来

第1章

クラウドファンディング市場の概要と状況

本章のポイント

クラウドファンディングとは何なのであろうか？　まず、その概要や状況を説明する。

本章では、クラウドファンディングの定義を確認したうえで、日本や世界におけるクラウドファンディングの市場の現状を概観する。次に、その仕組みや類型をみて、まとめとして特徴を整理する。

なお、本書では、クラウドファンディングの関係者を指す用語として

・**「資金調達者」**＝プロジェクト起案者、資金応募者
・**「資金出資者」**＝プロジェクト応援者、資金提供者
・**「クラウドファンディング運営者」**＝クラウドファンディングサービス事業者、プラットフォーム運営業者、仲介機関

を用いることとする。

1 クラウドファンディング市場の概要

(1) クラウドファンディングとは

クラウドファンディングとは、ある目的をもった事業法人や個人に対し、インターネット等を活用した専用の仕組み（プラットフォーム）を使用して不特定多数の出資者が集まって資金提供を行うことである。

出資者は、インターネット上に提供されるそれぞれのプロジェクトの情報のなかから自分が共感したプロジェクトやサービスに資金を提供し、出資後はプロジェクトの実施状況の報告を受けたり、見返りとしてサービスや商品を受け取ったり、現金配当を得たりする。

つまりクラウドファンディングは、あるプロジェクト（課題）につき、多数の出資候補者が「右脳的な共感」を覚え、起案者の行おうとする解決策に「左脳的に納得」して資金を出す、という古くて新しい**社会変革ツール**と呼べるものなのである。

クラウドファンディング（crowdfunding）という言葉自体は、crowd（群集・大衆）によりfunding（資金調達）を行うという意味から新たにつくられた造語である。

多くの人から寄付や事業資金を集めてなんらかのプロジェクトを実行すること自体は、古くから世界中で行われており、決して新しい発想ではない。しかし、ここでいうクラウドファンディングは、インターネット上のプラットフォームという仕組みが介在することにより、①資金調達者の情報がよりダイレクトにかつ広範に個々の出資者に伝わること、②ネット上の不特定多数の人々の**集合知**より、必要な資金を集められるか否かという結果でプロジェクトをある程度スクリーニングする機能があること、などが新しいといえる。

また、③プロジェクトの成否が決まるまでのゲーム感覚的な要素（**ゲーミフィケーション**）があること、から参加者はそのプロセスを楽しめるということもワクワクさせる仕組みとして新鮮だ。

言い換えれば、クラウドファンディングは、①ＩＴ技術の進化による情報の伝達速度の向上、②情報収集コストの低減、③審査機能の集合知への置換え等により、従来はむずかしかった資金調達者と資金出資者をダイレクトに結びつけることを可能とした仕組みともいえる。

クラウドファンディングを活用することにより、これまで金融機関等から資金を調達することが困難だった**事業者は新たな資金調達の可能性と手段を、資金をもつ人々は新たな資金の活用の選択肢を得る**ことができるようになったといってよい。

(2) 世界のクラウドファンディング市場

現在のクラウドファンディングの形態はアメリカを中心に発達したといわれている。アメリカの代表的なクラウドファンディングのプラットフォーム（運営者）は「インディーゴーゴー（Indiegogo）」（購入型）を皮切りに、「キックスターター（Kickstarter）」（購入型）、「レンディングクラブ（Lending Club）」（貸付型）、「プロスパー（Prosper）」（貸付型）など、いずれも２００８～09年にかけて現行のサービスを開始している。

ちなみにアメリカは、２０１２年にはＪＯＢＳ法（The Jumpstart Our Business Startups Act）法を成立させ、未公開企業が一般市民から資本を調達するかたちのクラウドファンディングを一定条件下で合法化、クラウドファンディングを低迷するＩＰＯ（株式公開）活性化の手段として、政府が後押ししている。この点については、第２章等でも折に触れて説明する。

a　Massolutionによる調査と分類

世界のクラウドファンディング市場の実情について、詳細な調査結果（"CF The Crowdfunding Industry Report"）を公表しているMassolution社は、政府、機関および企業のクラウドソリューションの利用について先駆的な調査・助言を行っている。

①　クラウドファンディングの取引分類

同社の定義によれば基本的には、(i)寄付型（donation-based）、(ii)還元（購入）型（reward-based）、(iii)貸付型（lending-based）、(iv)エクイティ型（equity-based）の4モデルがあり、新規モデルとして、(v)ロイヤリティ（知的財産権）型（royalty-based）、(vi)ハイブリッド（混合）型（Hybrid-based）があげられている。これらは取引ベースの分類である。

②　オールオアナッシング（All or Nothing）

通常、クラウドファンディングには、(i)オールオアナッシング方式と(ii)キープイットオール（Keep it All）方式があるといわれる。(i)は、当該事業者（キャンペーンオーナー）の設定した資金調達目標額を下回る資金しか集まらなかった場合、資金調達者に資金が渡されずキャンセルされるタイプである。一方、(ii)は、資金調達目標額を下回った場合でも、資金が渡されるタイプとされる。

ここでは、当初公表された資金調達目標額がキャンペーンオーナーにとって達成を義務づけられているかどうか、という点が分類上のポイントである。つまり、キャンペーンオーナーが資金目標額を達成しなければならない場合、そのクラウドファンデング・プラットフォームはオールオアナッシング方式を有しているといえる。

③ オールオアナッシングへの誤解

前述のオールオアナッシング方式はよくクラウドファンディングにおいて必須のものといわれがちだが、それは必ずしも正確ではない。なぜなら、このシステムを採用しているのは世界の半数を超える程度のプラットフォームであり、3割は到達目標に達するかどうかとは関係なく、キャンペーンオーナー（資金調達者）に資金を提供しているからである。

また、プラットフォームによっては、両方のキャンペーンオーナーをターゲットにしている場合やその判断をキャンペーンオーナーに委ねている場合があり、その比率は2割弱である。さらに、還元型やエクイティ型のオールオアナッシング方式の採用率が高く、逆に寄付型では低い。これは還元型やエクイティ型においては、目標とする資金調達が達成できない場合、イベント自体が成り立たなくなる可能性が高いのに対し、寄付型ではそのような可能性が低いことが要因である。

b　世界のクラウドファンディング市場の成長（2012～13年度）

世界のクラウドファンディング市場の成長について、前出の“CF The Crowdfunding Industry Report”では、2012年の資金調達額は前年比81％増の約27億ドル、13年は前年比2倍増の約61億ドルと報告している。うち、北米とヨーロッパの規模が約90％のシェアを占める状況であった。

こうした2012～13年のクラウドファンディングの市場規模の拡大は、主に貸付型と寄付型の成長に牽引されたものである。

また、このうち顕著な増加を示しているのは還元（購入）型である。つまり、資金出資者に対して何かが還元されるようなキャンペーンが増加したことを意味している。ちなみにエクイティ型は法規制の影響もあり、この期間は世界的に成長が頭打ちとなっていた（2014年は大幅に増加している）。

c　クラウドファンディング市場（2014年度）

2014年度に入るとクラウドファンディング市場の成長はさらに加速する。引き続き、Massolutionの“2015 CF Crowdfunding Industry Report”によると、2014年度の

図表１－１　2014年の世界の地域別クラウドファンディングによる調達金額と前年からの増加率（ドルベース）

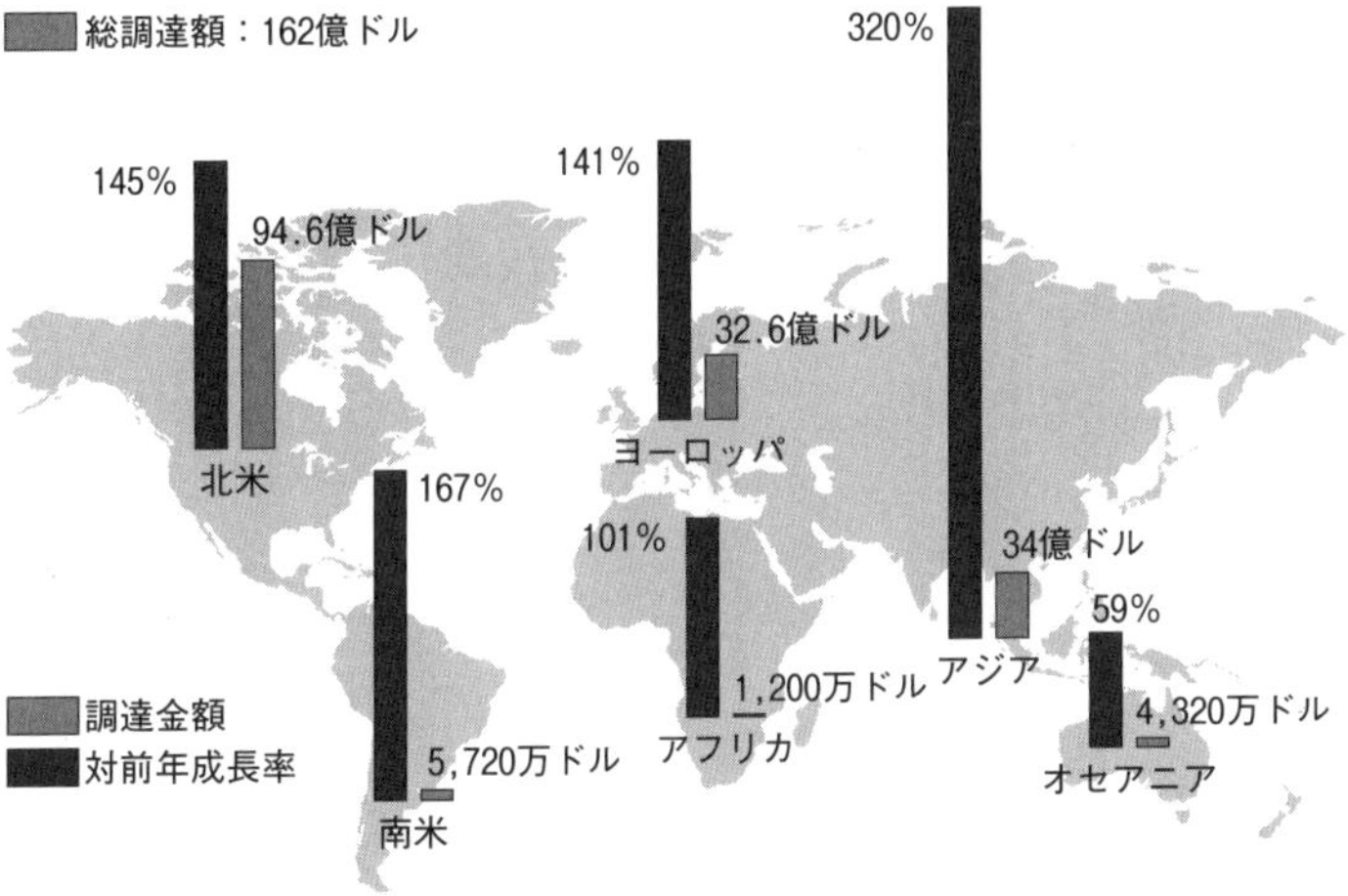

（出所）“2015 CF Crowdfunding Industry Report”（Massolution社）

クラウドファンディングによる総調達額（1ドル＝120円換算）は、全世界で162億ドル（約1兆9440億円）に達し、地域別では北米が94・6億ドル（全体の58・4％）と最大の割合を占めた。そのなかでも、アジアが前年比320％増の大幅な伸びをみせ34億ドルと僅差でヨーロッパの32・6億ドルを上回り、北米に次ぐ調達を組成した（図表1－1参照）。背景には**中国市場でのクラウドファンディングの大幅な伸び**があり、これは特筆に値するといえるだろう。

図表1－2　2015年度のクラウドファンディング市場規模地域別予測（ドルベース）

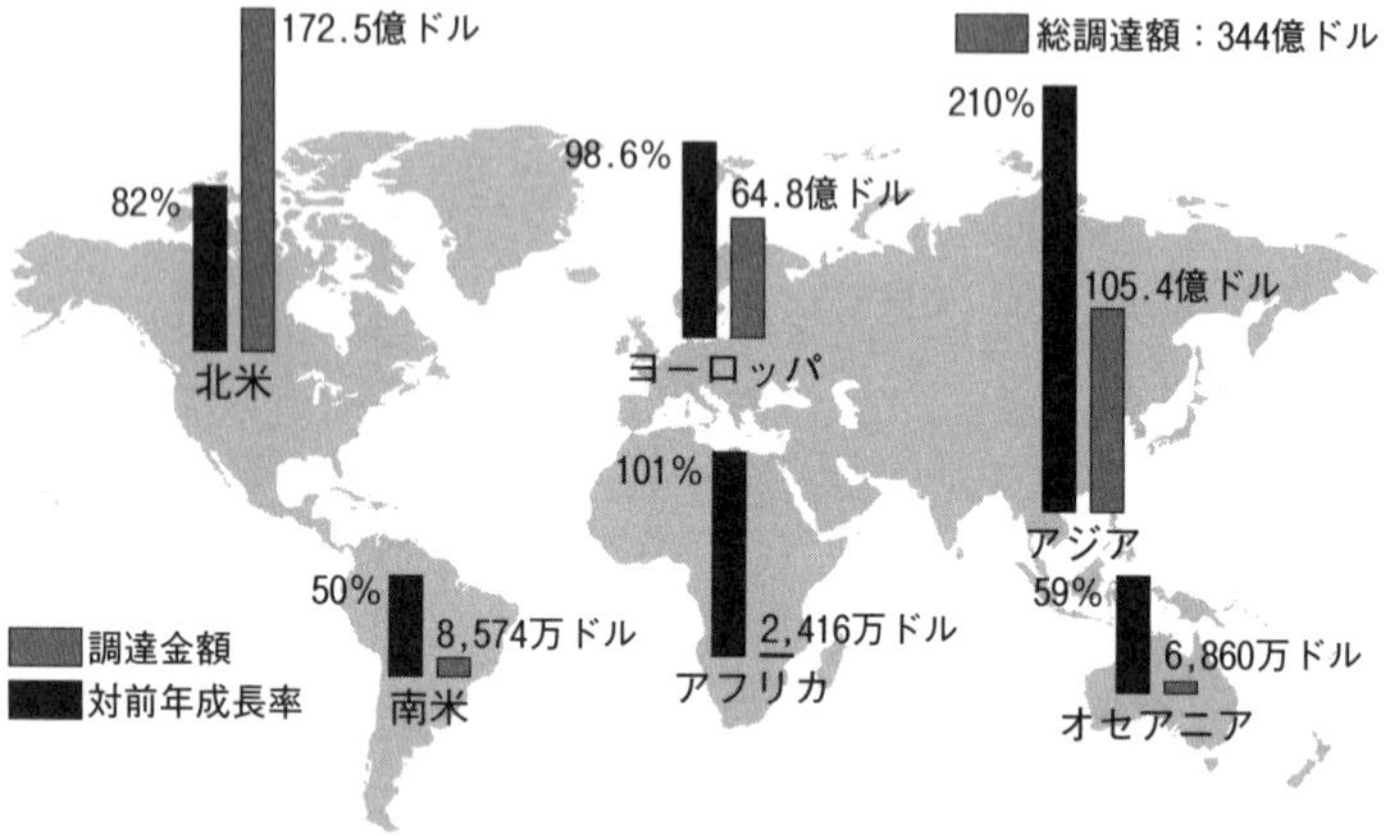

（出所）“2015 CF Crowdfunding Industry Report”（Massolution社）

d　クラウドファンディング市場（2015年）

2015年度の市場規模をみると、欧米における拡大が鈍化するなか、Massolutionでは引き続きアジア地域での大きな伸びを予想して、総額ではさらに前年比倍増して344億ドル（4兆1280億円）に達するとしている。そのうち、アジア分は105・4億ドルとヨーロッパの64・8億ドルを大きく引き離し、北米の172・5億ドルに迫る勢いが見込まれている（図表1－2参照）。

e 世界のクラウドファンディング市場拡大における「貸付型」の寄与度

近年のクラウドファンディング市場の急成長は、タイプ別にみると「貸付型」の急激な拡大に支えられている。図表1－3のタイプ別調達額の時系列変化をみると、それは歴然としている。

貸付型のクラウドファンディングはもともと金額的には大きかったのだが、全体に占める割合は2012年度の44・2％から14年度には68・3％にまで増加している。

ちなみに、2013年発行の同社のレポートによる予測では、同年度のクラウドファンディング総額を約6500億円規模（54億ドル）と見積もっていたが、**予想を上回る規模で市場は拡大**し、実際には約7320億円（61億ドル）の調達があったとの報告があり（いずれも1ドル＝120円換算）、今般の結果が注目される。

(3) 日本のクラウドファンディング市場

日本におけるクラウドファンディングは当初、「寄付型」「購入型」が中心となって拡大してきた。これは日本のクラウドファンディングが2011年3月11日の東日本大震災を

図表1－3　クラウドファンディングのタイプ別調達額の時系列変化

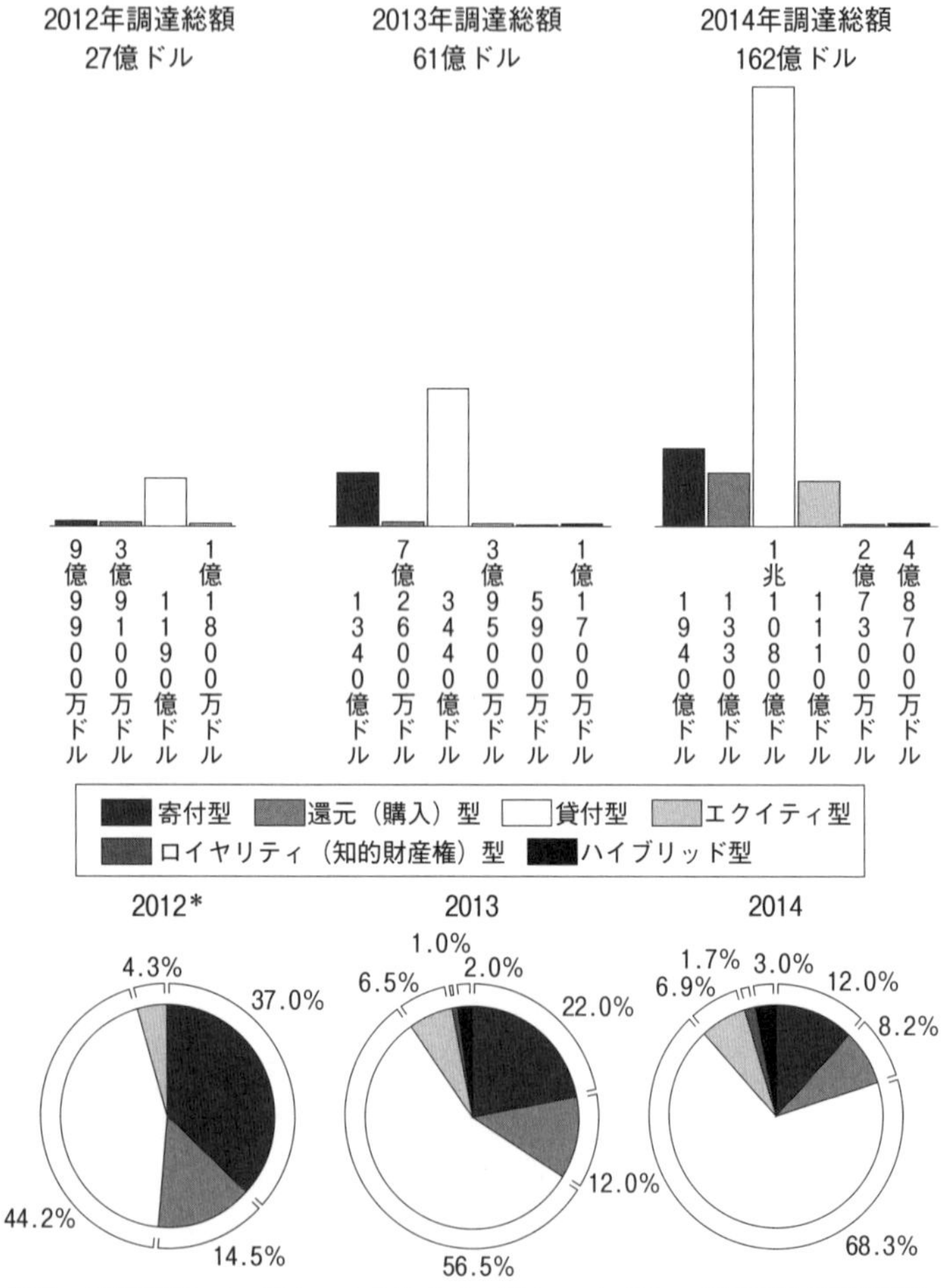

（注）　2012年については、ロイヤリティ型とハイブリッド型の区分は存在しない。

（出所）“2015 CF Crowdfunding Industry Report”（Massolution）

契機として注目を集め、主に寄付を集めて、復興を手助けする手段として拡大した経緯があるためとみられる。

a　現在の市場規模と市場拡大のペース

矢野経済研究所の調査によれば、2014年度の国内のプロジェクトファンディングの市場規模（支援額ベース）は197億1200万円、うち約8割の156億円が金融型のなかの「貸付型」（ソーシャルレンディング）であると推計されている。件数ベースでは「購入型」が圧倒的に多いものの、個々の金額が相対的に小さいため、金額ベースではクラウドファンディングの主流は金融型、それもソーシャルレンディングともいわれる「貸付型」が主流といってよいだろう。なお、15年度の市場規模は283億7300万円と見込んでいる（図表1－4参照）。

伸び率をみると、2014年度の市場全体の支援額は前年比59・5％増となっており、さらに15年度には43・9％増の283億7300万円とハイペースの市場拡大が続くとみられている。

図表１－４　国内クラウドファンディングの新規プロジェクト支援額（市場規模）推移

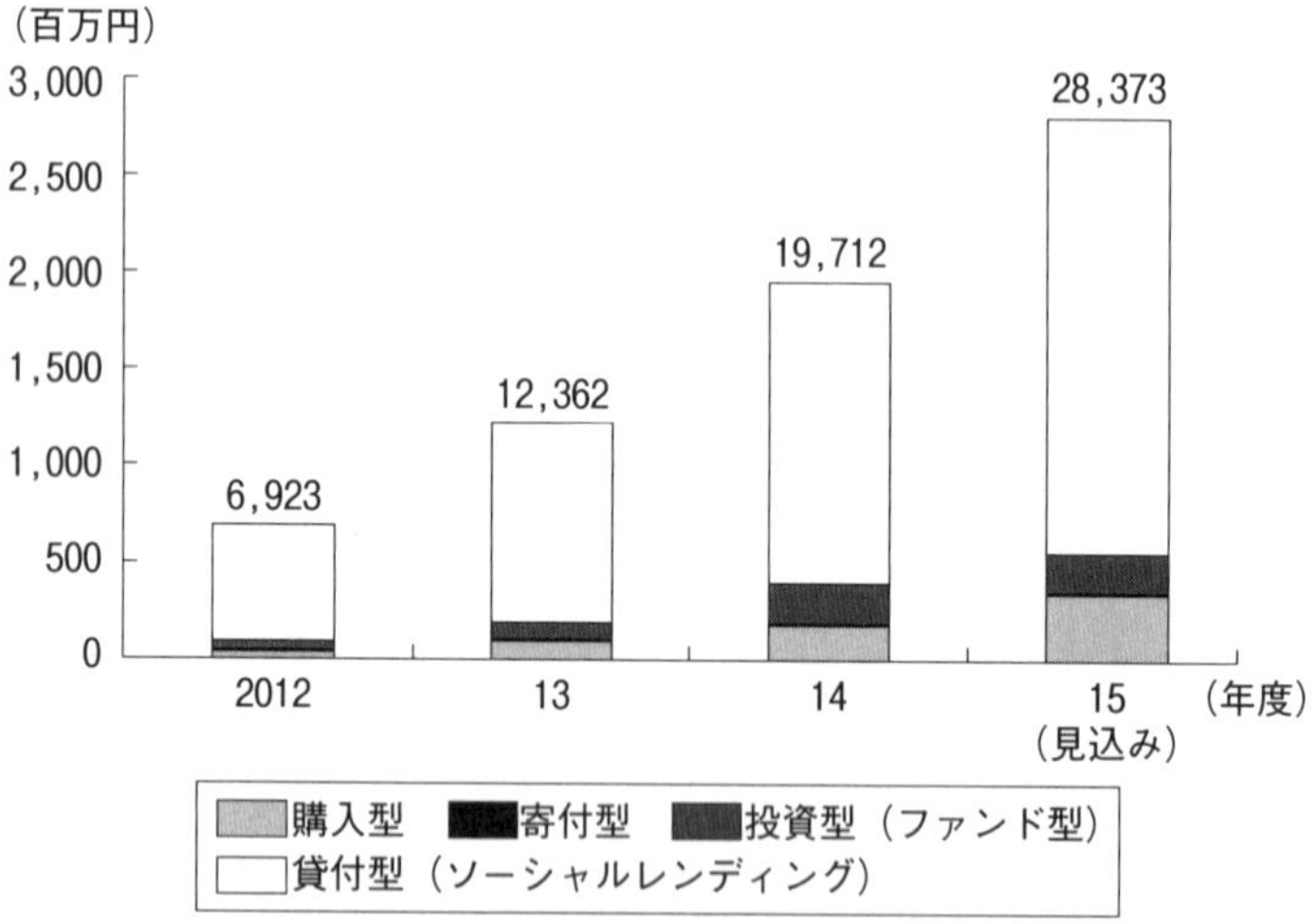

（出所）「国内クラウドファンディング市場に関する調査結果2015」（矢野経済研究所）：同社2015年８月28日付プレスリリースより

b　公共団体による地方創生のためのクラウドファンディングの活用

　政府の方針を受けて、内閣府・関係官庁の主導で地方公共団体や地域金融機関が地域経済を活性化するための手段としてクラウドファンディングを使う試みがなされており、「ふるさと投資連絡会議」（2014年10月31日設立）等の場で、統一的な手引書の作成や主として購入型やファンド型のクラウドファンディングを活用した地方経済への資金還流、域内循環の事例の研究・紹介等が行われている（第5章3参照）。

c　法律の整備と今後の方向性への展望

２０１４年5月に成立した改正金融商品取引法が15年5月に施行され、従来は事実上禁止されていた「株式型」（出資の引き換えに未上場株を渡すタイプ）が解禁されるとともに、「貸付型」「ファンド型」も少額のものは取扱業者の参入要件が緩和された。

今後は新規参入の業者も増え、貸付型・ファンド型・株式型等、幅広い「金融型」クラウドファンディングを中心とした市場のさらなる活性化が期待されている。

2　クラウドファンディングの仕組み

現在の「クラウドファンディング」という言葉には、さまざまなタイプのスキームが含まれている。これらの仕組みに共通しているのは、「ネット」を使って「小口の資金」を「不特定多数」から集めるという概念である。

(1) クラウドファンディングの種類

クラウドファンディングは、出資者が資金提供に対して金銭的見返りを求めない「寄付型」「購入型」と、金銭的見返りを求める「金融型」の2つに大きく分けられる。そして「金融型」はさらに「貸付型」「ファンド型」「株式型」に細分化され、それぞれが異なった特徴をもつ（第4章参照）。

a 寄付型

ウェブ上で寄付を募るものであり、金銭的リターンは想定されていない。この種のクラウドファンディングとして有名なものは、一般財団法人ジャパンギビングが運営するジャパンギビング（旧称：JustGiving Japan）である。同サイトは、2001年にイギリスで設立されたJustGivingを端緒として、10年3月から運営が開始され、15年1月21日に法人名、サービス名ともに改称された。

このサイトでは、寄付を呼びかけるのは、サイトの運営者や資金調達者ではなく、チャレンジャーといわれる呼びかけ人が支援する団体を指定して、サポーターと呼ばれる資金提供者に寄付を呼びかける仕組みとなっている。その際、支援先については、子ども、社会環境、医療・障がい・介護、人権、地域芸術・スポーツ、教育、自然資源・エネルギー、被災者など17の分野から選択する。2015年末現在、寄付金総額10億7786万223円、チャレンジ件数5773件、寄付件数10万1002件、寄付件数896団体となっている。iPS細胞の研究でノーベル賞を受賞した山中伸弥教授も、このサイトで研究費の寄付を募集したことが報道されている。

b 購入型

ウェブ上でモノづくりなどのプロジェクトに対して資金調達が行われ、そのプロジェクトの成果となるモノやサービスなどが対価として資金提供者に還元される仕組みである。現在、この種のサイトとしてはレディフォー（READYFOR）、キャンプファイアー（CAMPFIRE）、マクアケ（Makuake）などが大手である。

レディフォーのウェブサイトによると、同社は日本初のクラウドファンディングサービスであり、取扱額でも国内最大規模である。2011年4月の開設後、約400プロジェクトの資金調達を行い、これまで合計で約3万人から約2億4000万円を調達している。さらに、他のクラウドファンディングウェブサイトに比べ、公共性・社会貢献性の高い活動への支援が特に多いことを特徴とする、マルチジャンルのプラットフォームとしている。

レディフォーで公開されるプロジェクトは、同社が審査したうえで支援募集が開始される。また、同サイトではオールオアナッシング方式が採用されており、プロジェクトの実行者は支援金の目標金額と募集期間を設定し、募集期間内に目標金額が集まった場合のみプロジェクトが成立し、支援金を得ることができる。逆に目標金額に満たない場合は、プロジェクトは成立せず、支援金は支援者に全額返金されることになる。それは、不十分な資金では、プロジェクトは実行できず、支援者へのお礼もできないからというのが理由だ。なお、プロジェクトが成功した場合の手数料は17%である。

購入型は、主に**シード資金**における既存の「**エンジェル**」**の代替手段**として注目される。

C 金融型

資金提供者は資金調達者から金銭的リターンを受けることを想定しており、ここには、貸付型・ファンド型（集団投資スキーム）と株式型が含まれる。集団投資スキームとは、運営業者を介して、資金出資者と、事業を行う人（会社）「営業者」との間で匿名組合契約などの出資契約を締結し、出資を募り、集めた資金で貸付または事業投資を行う仕組みのことをいう。中途解約はできないのが原則だ。また、株式型は資金調達者が株式を発行し、資金提供者はその株式を取得し、剰余金分配や株価の値上りによって利益を得る仕組みである。

① **貸付型**

例としては、２００９年からサービスを開始したＡＱＵＳＨ（運営会社は、株式会社エクスチェンジコーポレーション）による、ＡＱＵＳＨローンマーケットがあげられる。

このスキームは、匿名組合を通じて出資者から資金を集め、資金調達者に融資を行うものであり、資金調達者はＡＱＵＳＨの審査によって、５段階の信用格付（ＡＱＵＳＨグレード）が付与され、出資者は、このＡＱＵＳＨグレードと金利で特定された匿名組合を選択して出資する。それぞれの匿名組合は、特定されたＡＱＵＳＨグレードに合致する個人または法人の借り手に対して、審査を行ったうえ、小口分散化して貸付を行う。

貸付型は、主に**運転資金**における「**銀行融資**」**の代替手段**として注目される。

② ファンド型

例として、メディア等でもよく紹介されているのが、ミュージックセキュリティーズである。同社は2000年に設立され、当初は音楽ファンドを運営していたが、現在では食品、日本酒、衣料、農業、林業、スポーツクラブ、工芸品、さらに被災地や途上国支援など多種多様な業種・分野に匿名組合契約を用いて投資するファンドを運営している。ただし同社の場合は、単に金銭のリターンだけでなく、投資先の生産品の現物給付やイベント参加などの特典をつけるファンドも多く、購入型の要素も併せ持っている。出資元本の返還は保証しないため、営業者のモラルハザードが発生しやすいのが注意点だ。

③ 株式型

インターネットを通じて「だれでも」「未公開企業に」「エクイティの形態で」投資することができる枠組みである（注）。2016年1月現在での運営者はまだ存在しない。

2014年5月に成立し翌15年5月に施行された改正金商法では、1人当り投資額は50万円以下（調達の総額は1億円未満まで）とされているが、投資家保護のためのルールとして「ネットを通じた適切な情報提供」や「ベンチャー企業の事業内容のチェック」が事業者に義務づけられている。クラウドファンディング運営者については、株式で募集する

図表1－5　クラウドファンディングの種類

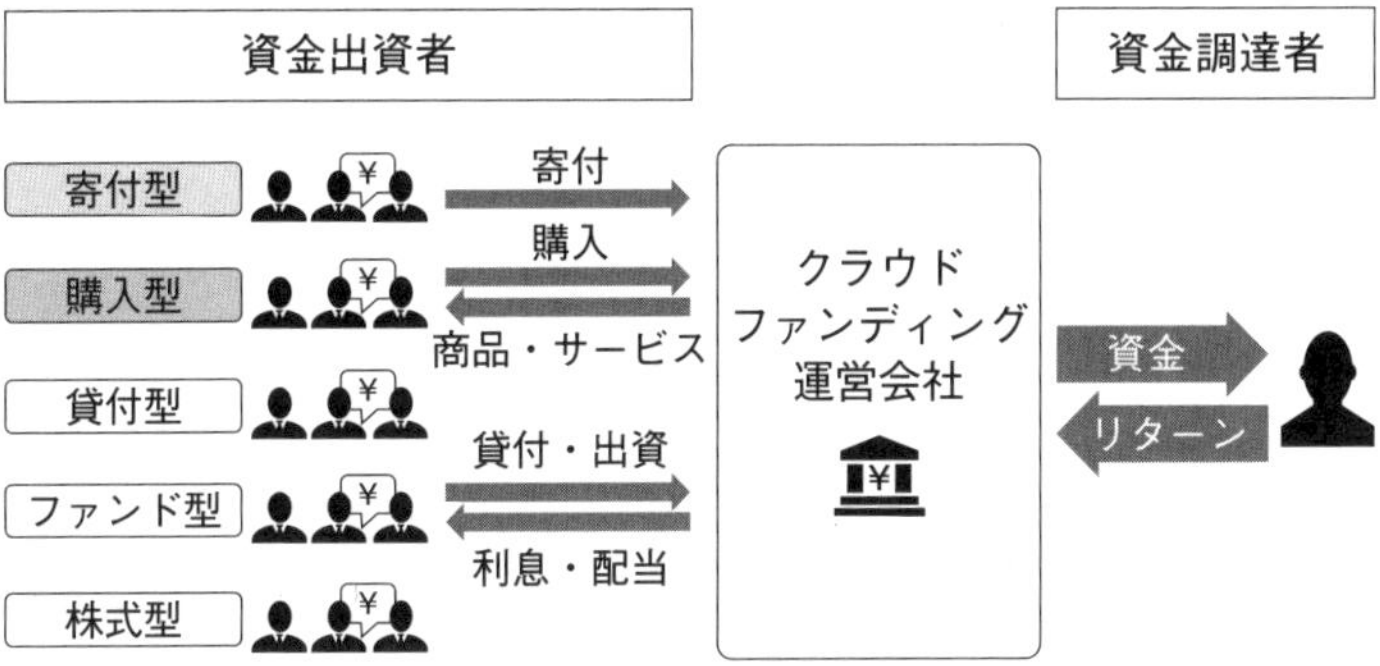

者は第一種、ファンドでは第二種の金融商品取引業の登録が必要だが、参入要件を緩和するため、専業者に関しては最低資本金規制を引き下げている（第一種：1000万円、第二種：500万円）。

（注）株式発行の場合は、50名以上の投資家に対する株式発行による資金調達は、原則として金商法上の有価証券の募集に該当し、株式の発行総額が1億円未満であることなどの要件を満たす場合を除き、同法に基づく**開示規制**が課されることになる。これには、いわゆる「**プロ私募**」などの例外規定が定められているが、「多様な人たち」から集めるクラウドファンディングの性格上、このような除外規定に該当する可能性はほとんどないといえる。したがって、有価証券届出書の提出や目論見書の作成・交付などの発行開示とともに、有価証券報告書の提出などの継続開示が必要となる。

株式型は、主に**事業立上げ資金**における「ベン

銭的リターンを求める「寄付型」「購入型」と、金銭的リターンを求める「金融型」
付型」「ファンド型」「株式型」に分かれる

金融型		
③　貸付型（ソーシャルレンディング）	④　ファンド型	⑤　株式型
・企業や個人に少額の資金を集めて貸付を行う仕組み。 ・事業の内容や個人の特性は出資者にはみえず、信用度や内容、担保の状況により分類されたグループへの貸付となる。	・特定の事業に対して資金出資者を募る仕組み。 ・出資者はあらかじめ定められたスキームに従い、売上げ等の成果に応じた配当を受け取る。期間中に商品や生産物、サービスを受け取れるものもある。	・事業を行う会社の非上場株式に対して資金出資者を募る仕組み。 ・出資者は業績に応じた配当を受け取れる可能性がある。出資金の回収は株式の売却による。
・取扱業者が自社内に組成する匿名組合が個人や企業への金銭消費貸借契約による貸付を実施する。 ・出資者は借入れの種類、リスクの度合いによって分類された各組合に出資、個別の調達先はみえない。 ・世界のクラウドファンディングの残高の約4割を占めるが、日本においては出資者が継続的に個人や企業に対して貸付を行う場合には貸金業登録が必要となるため、個別の借入先には事実上貸出が実施できないという縛りがある。	・個々の事業プロジェクトに対し資金調達者に設立された匿名組合に出資する。 ・配当とは別に商品やサービスを提供するケースも多く、購入型的要素も一部入っている。 ・個別の事業概要・計画をベースに資金出資者が事業の成否を判断して出資するが、出資者は出資後直接事業には関与できない。 ・1～5、6年の中期の投資期間のものが多い。 ・クラウドファンディングの特徴である「集合知」を反映しやすい。	・個別の事業概要・計画をベースに個々の出資者が判断し、企業そのものに対し出資を行う。 ・出資者は株主として経営に関与できる。 ・従来はベンチャーキャピタル等が主体として行ってきた専門性の高いベンチャー投資を直接個人が行うことであり、大きなリスクを伴う。 ・いったん出資すると、期日がないので今後整備される未上場株式の流通の仕組み次第では資金の回収は必ずしも容易ではない。 ・一方で出資者は出資先企業の上場、買収等により大きな利益をあげられる可能性もある。
・短期－中期での資金運用における利回りの向上。	・事業・モノ・サービスへの関心・共感。 ・中期投資に対するリターンの期待。	・長期投資。 ・配当および株式上場等によるキャピタルゲインへの期待。 ・事業への共感。
一口1万円程度から	一口1万円程度から	実績なし
数カ月～3年程度	2～10年程度	長期投資（原則期間なし）

図表1－6　クラウドファンディングの種類とメリット／リスク

《クラウドファンディングの種類》 大きくは、資金出資者が資金提供に対して非金
の2つに分けられる。「金融型」はさらに「貸

		① 寄付型	② 購入型
概要	仕組み	・ネットを通じ広く寄付金を募る仕組み。 ・ボランティア、災害復興、海外の難民救済等に財政的支援等として利用される。	・プロジェクト・イベント等にパトロンのようなかたちでの資金出資者を募る仕組み。 ・出資した資金は返還されないが、出資者は金額に応じたサービス・商品等を得ることができる。
	スキームの特徴	・寄付金を集める仕組みとして東日本大震災後日本では急速に広がった。 ・直接寄付を行うもの以外に、なんらかの行動を起こすことにより自らが他人から資金を集めたうえで間接的に寄付を行うかたちもある。 ・注意点としては「寄付型」ではあっても地方公共団体、特定公益法人相手ではないので、寄付者は税法上の寄付金控除を受けられないケースが多い。 ・逆に寄付を集めた側もスキーム運営者への手数料のほかに金額によっては贈与税を納めなければならないケースもあるので、実際に使用できる金額を正しく把握する必要がある。	・共感・支援・支持が核となっており、投資と経済的見返りのバランスを重視しない。 ・出資者の充足感が対価の一部を構成しているという意味では寄付型と金融型の中間形ともいえる。 ・現在の日本のクラウドファンディングの主流となっている。 ・一般的には出資額と提供されるサービス、商品の価値はバランスすると考えられるが、なかにはサンキューメール等価値の測りにくいものもあり、あまりに出資額と受け取り商品の価値に差があると税法上は贈与とみなされる場合がある。
資金出資者（応援者）	主な出資動機イメージ	社会貢献事業への共感。	・モノやサービスへの興味。 ・事業、プロジェクト（趣味など含む）への共感。
	1人当りの出資額	一口500円程度から	一口500円程度から
	出資期間のイメージ	—	2カ月～1年半程度

金融型		
③ 貸付型（ソーシャルレンディング）	④ ファンド型	⑤ 株式型
事業や生活のために必要な資金を従来の手段より容易かつ低金利で借り入れる。	新しい事業・リスクの高い事業に対して資金を集める。	事業を行うための資本の調達を行う。
あり	なし	なし
一般個人、中小企業、海外マイクロファイナンス事業者等	個人（クリエイター、発明家等）、中小企業等	ベンチャー企業、中小企業
数十万～数億円	数百万～1億円程度	数百万～1億円程度
第二種金融商品取引業登録、または第二種少額電子募集取扱業者および貸金業登録。	第二種金融商品取引業登録、または第二種少額電子募集取扱業者。	第一種金融商品取引業登録、または第一種少額電子募集取扱業者。
調達者への貸付の主体である各匿名組合の所有者、事業の審査選別と与信管理。	調達者の匿名組合組成運用の手伝い、出資者への情報提供、資金のやりとりの管理。	未上場株式の募集・勧誘業者。
すべての取引の与信判断を自らの責任で行う必要がある。 与信管理全般、質権設定、債権回収、売却等。	事業・プロジェクトの進捗確認、資金使途のチェック、配当支払の管理、モノやサービスの送付状況管理。	詐欺的スキームの選別。管理は原則募集までで終了。
組成したファンド全額が負債の預り金（匿名組合）と資産の貸付債権としてバランスシートにのる。	なし（匿名組合は調達者のバランスシートにのる）	なし（調達者の資本項目）

チャーキャピタル」の代替手段として注目される。

(2) クラウドファンディング利用のメリットとリスク

クラウドファンディングを通じて出資する場合には、タイプによって異なるメリットとリスクがあるので注意が必要だ（図表1－6参照）。

資金出資者において

		① 寄付型	② 購入型
資金調達者（起案者）	目的	必要な支援を行うために寄付金を集める。	モノやサービスを対価に事業資金やボランティア等の活動資金を集める。商品やサービスの事前プロモーションの役割を果たす場合もある。
	元金返済義務	なし	なし
	主な調達者イメージ	個人、福祉団体等	個人（クリエイター、発明家等）、中小企業等
運営業者（仲介機関）	調達規模	数万〜数百万円	数万〜数百万円
	規制（必要な免許・登録）	なし	なし
	役割	ファンドレイズのためのインフラ提供、寄付対象の選別。	事業の審査選別と実施管理。
	管理項目・リスク	適切な資金の使われ方がなされているかの善管注意義務。	詐欺的スキームの選別、事業実施状況監視、モノやサービスの送付状況の確認。
	自社バランスシートへの影響	なし	なし

は、特に金融型の場合は、単に予想利回り（金銭的リターン）の高さにのみ目を向けずに、出資先の信用や事業内容に加えて、取扱業者の信用リスクや資金を引き揚げる際の容易さ、経営への関与度などをよく吟味し、十分に理解・納得したうえで投資を決めなければならない。

クラウドファンディングの予定利回りは、安全とされる国債利回りや銀行預金金利を上回るが、必ずそれに見合うリスクがどこかに存在する。そのリスクをふまえて、事業に共感したうえで投資すべきである。

資金調達者においては、クラウドファンディングによる調達は資金を必要とする方にとって、従来になかった資金調達の選択肢と可能性を広げるものであることはメリットだ。

しかし、もし安易に資金調達を行い、当初の目的を達せられなかった場合には、不特定多数の調達者のクレームに直接・間接に対峙するリスクを背負うこととなる。ネットを利用しているだけにレピュテーションの低下は免れないことは肝に銘じるべきである。

なお、資金出資者への商品やサービスの提供を見返りにする場合には、オペレーション的に**決められた期間に実現が可能か**否か、また**事業の経過等報告**がしっかり行われていくか等も十分チェックする必要がある。

3 クラウドファンディングの特徴

以下、クラウドファンディングの特徴について総括してみよう。

(1) クラウドファンディングの進展

① 発端は、1990年代にアメリカのインディゴーゴーなどが無名のアーティストの活動資金を、インターネットを駆使し、募金あるいは寄付のかたちで集めたことである。

② これを契機に、単なるアーティストの活動支援だけではなく、徐々にさまざまな活動に広がり、現在では単純な寄付からもう少し「投資」に近いかたちで広がりをみせている。

③ 市場規模としては、いまや全世界で約162億ドル（2014年）の資金調達が可能になっている。この約162億ドルという資金調達額は、お金が回る仕組みとして金融的には大きな意味をもつ。

(2) クラウドファンディングの本質

「群衆」「クラウド」という言葉が示すとおり、**多様な人たち**が資金提供に参加できる仕組みである。

① **インターネット**を通じて、ごくわずかの**少額投資**でありながら比較的大きな資金調達も可能になる。たとえばアーティストに支援するという話は、ネットを通じて行わなければ、集められる人数が限られ、たいした活動資金にはならないものの、1000円ずつでも1万人から集められれば1000万円の資金が集まるという効果がある。

② 投資の単位が小さくなることで、投資そのもののモチベーションにおいて、これまでとは異なる**「思い・共感」**などの非金銭的なリターンという観点から資金提供され、営利活動だけではなく、社会貢献活動を併せ持つという変化がもたらされている。

③ プロジェクトの成否が決まるまでのゲーム感覚的な要素（**ゲーミフィケーション**）があり、参加者はそのプロセスを楽しむことができる。

④ 現在の金融や株式制度すべてに取ってかわるとまではいかないにせよ、少なくとも**スタートアップ段階**のベンチャービジネスや新規事業を支えるための強力な**資金調達ツー**

ルになりつつある。

⑤　資金出資者は、資金調達者（起業家）のつくる製品・サービスの①**消費者**、②**マーケター**、③**営業者**、④**応援者**など、これまでにないかたちで参加・サポートしていく形態となる。

(3)　少額投資の意味

投資家が比較的リスクをとりやすくなる。一般的な金融・証券投資理論では、投資金額が大きいことが前提で、ほとんどの投資家がリスクを避ける傾向にある。しかし**投資金額が小さくなれば、投資家行動は必ずしもリスク回避的とはならない**。

たとえば宝くじや馬券を買う人の投資行動は、期待リターン上はマイナスであり、リスク回避の法則に反している。少額ならリスクをとれる投資家が増え、大きなリスクを抱えた事業に対しても、資金は出しやすくなる。

クラウドファンディングの仕組みができたことで、各資金提供者の出す金額は少額でも、大勢から集めると巨額の資金を手にすることも可能になった。

思い・共感など人々がもつ非金銭的なモチベーションに基づくお金が、大きな社会の動きに変わる可能性を秘めているのである。

(4) 事業化へのコスト軽減効果

3Dプリンタなどの技術革新によって、起業における初期投資コストは軽減される傾向にある。

こうした技術革新に加え、クラウドファンディングで資金調達できるようになると、たとえば金融機関からの借入れなどで調達する金額・費用はかなり減少しうる。場合によっては、金融機関からの借入れに頼らなくてもすむ可能性が高まる。そうなると、ベンチャーの立上げの方法は大きく変わってこよう。

(5) クラウド（少額投資家・群衆）によるモニタリング

続いての注目点は情報の流れの変化である。投資家はいまや、企業活動に関する情報はインターネットを通じて容易かつ豊富に得ることができるようになっている。起業家・企業側はインターネットを通じてさまざまなメッセージの発信や活動報告を行う一方、クラウド（少額投資家・群衆）側はモニター（監視者）としての機能を担う構造が期待できる。ただし、問題はネット上の情報がどこまで信頼できるか、ということである。

ネット上で開示される情報は、豊富であってもその深さや正確さには限界がある。現状のクラウドファンディングにおける投資家のモニターとしての役割は、銀行や証券会社が取引会社を監視する機能、アナリストが上場会社の財務情報などをチェックする内容に比べて、当然ながらかなり弱いものである。

このいわゆる弱いモニターの役割を大勢の人が担っているという状態だが、問題はこの状態が低レベルかどうかということである。大勢の人がモニタリングすることで、限られた専門家では気づかない情報を知る人がいるかもしれないし、専門家にはみえていなかった情報がみえている人もいるかもしれない。このような、いわゆる**集合知**（**=群衆の叡智（Wisdom of Crowds：みんなの意見は案外正しい）**）が働くとすれば、専門家以上の高レベルモニターとなる可能性がある。

(6) 従来型金融システムの補完・代替

大勢でモニターできる仕組みのなかで、ベンチャー企業を興そうとする側にとっては、資金調達のむずかしいスタートアップ段階、あるいは基礎技術の事業化へのギャップを埋めるGSP Fundingで資金調達ができれば、当然大きなインパクトをもつことになる。

さらに重大な視点として、利益追求以外の目的をもっている起業家や会社にとっての影響力は相当大きい可能性があることだ。**社会起業家**と呼ばれる利益以外の目的を明確に提示している会社が、より資金を集めやすくなるだろう。社会貢献活動に共鳴する人がお金を出しやすくなり、資金提供をする状況が増加している。起業・新規事業の多様化がさらに進展する可能性は大きいといえるだろう。

以上のように、従来の**エンジェルやベンチャーキャピタル・銀行などから資金調達できない事業を行う会社（団体）に資金調達の可能性を広げた**ことへの評価は高い。ただし金融型において、①事業の不確実性が高いこと、②事業モデル確立まで長期間を要すること（ファンド型では償還期間内では間に合わない）、③従来型金融システムから調達できない低レベル企業（団体）の調達市場に陥るリスクがあること、などが留意点となる。

図表1－7　従来型金融システムとクラウドファンディング

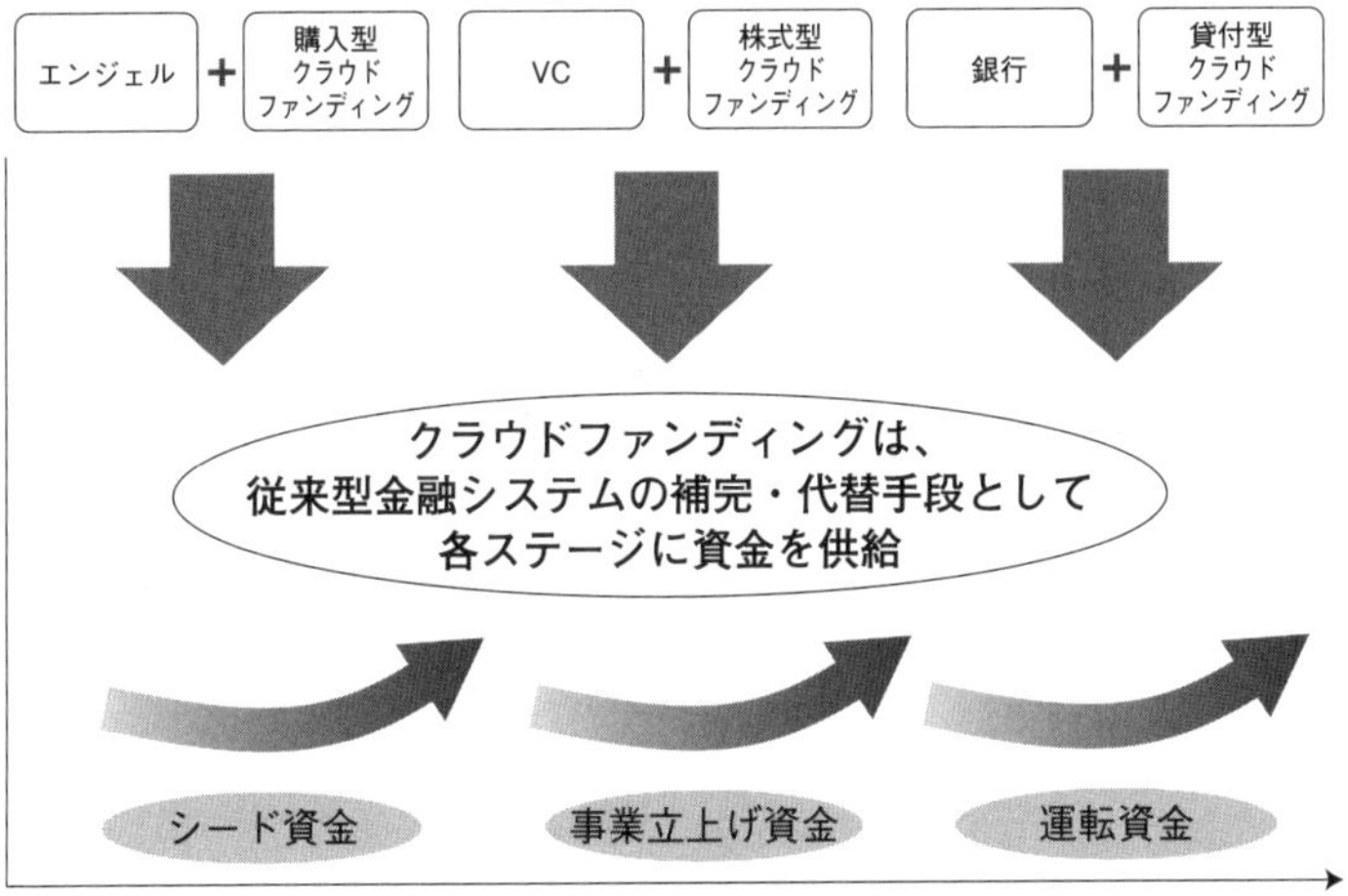

クラウドファンディングは、単に資金調達ツールとしてインターネットを利用するというだけでなく、市場参加者のあり方やニーズといった点で、従来の金融・証券市場の常識や通念が通用しにくいという側面を有しているのは間違いない。それだけに、**従来型金融システムでは機能しにくい資金供給の補完・代替**として大きな期待があるわけだ（図表1－7参照）。

ソーシャルネットワークの世界が、従来のアナログの世界の価値観と異なっているのと同様、従来との質的な差異をふまえた新しい価値観で市場の育成を図っていくことを社会的に理解することが重要である。

第2章

資金調達者
（個人・中小ベンチャー企業＆ＮＰＯ）

本章のポイント

プロジェクト応募者が、クラウドファンディングにより支援金を募る。特に個人・中小ベンチャー企業やＮＰＯ等の資金調達者に関する説明を行う。

★クラウドファンディングを利用して資金を集めたい！
あなたはどのような資金が必要だろうか？

1 公共的・公益的な活動等に必要な資金の無償提供を受けたい！
⬇ 寄付型

2 新しいアイデアをサービス・商品化するために「支援者」がほしい！
⬇ 購入型

3 事業や生活のために必要な資金をできるだけ低い金利で借り入れたい！
⬇ 金融型／貸付型

4 新たな事業プロジェクトにリスクをとって出資してくれる人を探したい！
⬇ 金融型／ファンド型

5 ベンチャーや新規ビジネスを行うための会社の資本金を集めたい！

⬇ **金融型／株式型**

1 新しい資金調達手段の登場

(1) 中小企業やNPO（特定非営利活動）法人の資金調達

銀行やベンチャーキャピタル（VC）など、既存の金融機関・ノンバンク等では満たせないものが少なくない。一例をあげれば、不確実性の高い新規事業や収益を目的としない慈善事業の資金である。一方、日本の家計は多額の金融資産を保有しており、その一部でも起業活動や社会的問題の解決に振り向けられれば、既存の金融システムでは満たしきれない資金需要の多くが充足されるだろう。

しかし、資金需要者と家計を直接結びつけるには、お互いの存在を簡単に知らせる方法と多額の取引コストが必要なため、これまでは実現がむずかしかった。この2つの問題を解決するのに新しい資金調達手段として登場したのがクラウドファンディングである。

クラウドファンディングはインターネットを使うことで、資金の需要者と供給者のマッチング機会を生み出す。決済にはクレジットカードやペイパル（PayPal）を使うものが多く、ごく少額の投資をショッピングのように気楽に行えるのも利点である。

(2) 従来型金融システムの限界

先進国では金融システムが発達し、企業や家計に多くの資金を供給している。日本も例外ではなく、銀行や信用金庫など主要金融機関による貸出金は総額で約481兆円（2015年3月末）にのぼる。しかし、金融機関がすべての資金需要に応じられるわけではない。

たとえば、類似の事例がない新規性の強い事業の立上げに必要な資金などである。どれだけ売上げがあり、どれだけ利益があがるかは起業家にとっても不確実な要素なので、金融機関が融資を引き受けることはむずかしい。

しかも企業にとっては、金融機関を利用することがかえって負担になる場合もある。たとえば、熟成させた酒類を販売する場合である。ワインや日本酒・焼酎など多くの酒には、製造した後に数年、時には20年近く熟成させてから出荷するものもある。出荷するまでは売上げがないので、他に収入がなければ、金融機関から資金を調達できたとしても返済することはむずかしい。

ＮＰＯ（特定非営利活動）法人や一般社団法人などが行う慈善事業は、収益があがりにくいので、必要な資金を金融機関から機動的に調達するにはかなり無理が出る。社会的問題の解決に取り組むソーシャルビジネスやコミュニティビジネスも、ノウハウを開発しながら取り組んでいるのが実情であり、いきなり十分な収益をあげている例は少ない。そのため金融機関を利用しにくいし、金融機関もビジネスの対象としにくいのだ。

ほかにも、少額なので金融機関に借入れを申し込むのがためらわれるケースや、適当な担保がないので金融機関を利用できない場合などといったように、既存の金融システムになじまないために資金を調達できないケースは決して少なくない。

(3) クラウドファンディングの資金調達者のリスク

第1章2でも触れたが、資金調達するうえでのリスクを確認しておこう。たとえば、次のようなリスクが想定される。

① 人気のあるプロジェクトには、アイデアを模倣されるリスクがある。

② 特許を取得するには時間と費用がかかり、そもそも特許では保護できないアイデアもある。

③ 資金が集まりすぎてリワードに手間がかかりすぎる可能性がある。

④ クラウドファンディング固有の問題ではないが、ソーシャルメディアを使った投資家とのコミュニケーションは、ほんの少しの対応ミスでも強く批判され、「炎上」してしまい、結果信用を失う可能性がある。

以上が考慮すべきリスクである。とはいえ、リスクはその所在がわかれば、次はどのように管理・対応すべきか、といった点が大切になってくる。「リスクがあるから行動しない」という判断では結局、何も生み出すことはできない。

⑷　インセンティブは「共感」

a　資金出資者が資金を提供する理由

資金調達者はクラウドファンディングを通じてさまざまなものを手に入れることができる。それでは、資金出資者は少額とはいえ、なぜクラウドファンディングで資金を提供するのだろうか？

購入型の場合は、他では得られないリターンがあることが理由にあげられる。たとえば2012年、アメリカのペブル（Pebble）はスマホと連動して電子メールやゲームができる腕時計型端末「スマートウオッチ」を開発、世界で30万台以上を販売した実績がある。

投資会社から出資を断られていた27歳の若者が、「クラウドファンディングと出会えた」（エリック・ミジコフスキー同社CEO）ことで、新商品を開発できた成功例は時代の変化を物語る。アメリカのクラウドファンディングウェブサイト「キックスターター」で6万8929人から約1000万ドル（約10億円）を調達。キャンペーンスタートと同時に大反響を呼び、当初の目標額10万ドル（約1000万円）をはるかに上回る100倍の巨額資金を手にした。主な理由は、115ドル以上支援すると「スマートウオッチ」Pebbleを1台もらうことができた――市販されるよりも早く、しかも安価に買えた（出資者がスマートウオッチの利用者になれた）――からである。

ただ、クラウドファンディングで資金を提供したからといって、必ずしも素晴らしい製品が手に入るわけではない。1000円程度の支援ではお礼のEメールが来る程度であるし、匿名で寄付を行った場合にはお礼のEメールすら来ない。金融型のクラウドファンディングでも、リスクに見合ったリターンが提供されているものばかりではない。

それでも資金出資者が資金を提供するのは、自分が「あったらいいな」と思える製品やサービスの誕生や、「夢（＝こういうことがやりたかった）」と思える活動に貢献したという実感が得られるからにほかならない。

クラウドファンディングで資金を集めて制作された楽曲にはグラミー賞を受賞したものもあるが、それは資金出資者にとっては最高の喜び（＝リターン）なのである。こうしたことは従来の投資や寄付にはなかったものだ。

たとえば銀行に預金しても、そのお金をだれがどのように使っているのかはわからない。株式を購入した上場企業が成果をあげたとしても、上場企業が調達する金額はあまりに多く、自分が貢献したとは感じられない。そのため、どうしても利子や配当など経済的金銭的なリターンばかりに目が行ってしまいがちだ。また、赤十字や赤い羽根共同募金など街頭募金やレジの横に置かれた箱への募金にしても、本当のところどのように使われるのか、通常は詳しい説明がないので寄付するインセンティブをもてないのが実情だと思われる。

日本には寄付文化が決して存在しないわけではないのだ！

b　企業・団体や資金使途がよくわかる

ところが、クラウドファンディングによる寄付ならば、どのような団体が何のために使うのかがよくわかる。投資にしても寄付にしても、クラウドファンディングならば、自分の意思に適ったお金の使い方をする企業や団体を支援できる。これこそが資金出資者にとって最大のリターンといえる。このように、**クラウドファンディングでは共感が投資や寄付のインセンティブ**となっている。つまりクラウドファンディングは、資金ではなく、**仲間や同志を募る手段**として最大の魅力を有しているといえる。

それゆえに、金融機関がためらうようなリスクのあるプロジェクトや収益性の低いプロジェクトにも資金が集まる。社会を変えていくことが目的であるソーシャルビジネスやNPOの活動は、資金調達以上に活動の支持者を増やすことが重要であり、クラウドファンディングには資金と支持者を同時に獲得できるという親和性がある。

クラウドファンディングには現状、手数料がやや高いという課題はあるものの、今後どれだけ発展するかは未知数であり、大きな可能性を秘めていることが理解できると思う。

以上のように、クラウドファンディングに集まる資金出資者はネームバリューや利回りではなく、共感できるプロジェクトや支援してよかったと実感できるプロジェクトに資金を提供してくれる。優れたアイデアをもった中小ベンチャー企業やNPO法人がクラウドファンディングを利用し、市場を広げていくことが期待される根拠がここにある。

2 資金調達者への視点

(1) 留意点

資金調達者について考える際にまず重要なのは、詐欺的な調達活動がはびこってしまってはマーケットが成り立たない、ということである。

したがって資金調達者については、その身元を明らかにする（**実在性**）とともに、調達のために開示した情報に真実と異なる事実や不正確な事実、誤解を招く表現などが含まれてはならないこと（**真実性**）が重要である。こうした点に問題がある場合には、厳格なペナルティが科せられなければならない。

そのうえで、具体的にどの程度の情報開示を求められるかを考える必要がある。

(2) 高度な透明性

資金調達者をめぐる視点で第二に重要なのは、クラウドファンディングはインターネットの利用を前提としていることにより、**高度な透明性**が仕組みとしてビルトインされているという点である。

プラットフォームに掲載されるコンテンツは、全世界に向けて公開される。資金調達を行う企業は、会社や事業についてはもちろんのこと、経営者がだれであり、何を目指して起業したのか、調達した資金をどのように用いて事業を大きくしていくのかについて、画像や動画を用いて積極的にプレゼンテーションすることが求められる。こうした経営者個人のストーリー込みでなければ、インターネットを利用した資金調達など行うことができないからである。

質問もインターネットで受け付けられ、その回答もまた公開される仕組みが採用されている。当然、こうしたインターネット上の活動についてはすべてログが残る。ログというかたちで証跡が残るということは、紛争等の場面での事後的な検証が客観的に容易に行われることを意味する。

このように経営陣を含む資金調達者の素性がすべて明らかにされ、資金調達活動の過程がすべて公開されていることが、資金需要者による詐欺的な資金調達や虚偽の情報開示に対する大きな抑止力になるのである。

(3) オールオアナッシング（All or Nothing）

第1章1(2)でも述べたように、**オールオアナッシング**とは、一定期間内に目標金額に達しなかった場合には、そもそも案件は成立しないという仕組みである。これによって、目標金額を達成しないような質の悪い案件を選別し、このような案件に投資者が投資して損失を被る危険を減らしている機能が働いている。つまり、調達を実現する案件を選別する結果となっているのだ。ただし、世界のクラウドファンディングにおいて必須のものとはなっていないことは前述のとおりである。

(4) 一定期間の資金調達活動の公開

いわゆる**群衆の叡智**による詐欺や虚偽の発見機能である。

つまりクラウドファンディングでは、資金調達活動をたとえば90日とか180日といった間、インターネット上で行う。こうした活動はソーシャルネットワークを通じてバイラルに拡散していくことが目指され、これによって調達を実現するわけであるが、その過程で多くの人たちの目に案件がさらされることになる。当然ながら、経営者のことをよく知る知人や、当該企業からサービスを購入したことがある顧客などが広く含まれる。また、その業界に詳しい専門家やライバル企業などもサイトを目にすることになる。

サイトに書かれている内容に虚偽があり、専門家や同業者の目からみて非現実的と思われるものがあれば、こうした記述は指摘され、その調達活動はネガティブな評価が立つことになる可能性が高まる。この結果、案件の選別機能が働いていくというわけである。

(5) 資金調達者の詐欺防止および運営者の正確な情報開示

資金調達者は、市場の運営者であるクラウドファンディング運営者と利害を共通にしている。つまりクラウドファンディング運営者は、「場」の提供者として、自社サービスのうえで詐欺や虚偽情報が流通してしまうと、自社のサービスがだれにも利用されなくなってしまうことを知っている。したがって、こうした事態が起こらないように自らサービスを設計するインセンティブをもっているわけだ。

そのようなインセンティブは、上記のような仕組みのほかにも、たとえば一般にどのクラウドファンディングサービスでも、経営者のフェイスブックやリンクドイン（LinkedIn）へのリンクを掲載していることにも現れている。これらはフェイスブックやリンクドインの実名性や1人1アカウントの厳格な運営に依拠することで、資金調達者・経営者がサイト上で詐欺的虚偽的活動をしないよう監視機能が働くサービスを充実させざるをえない、ということである。

(6) クラウドファンディングにおける詐欺の定義とは？

クラウドファンディングには、目を疑うような大失敗プロジェクトが現実に起こっている。たとえば、アメリカでは、コンピュータに接続すると自動的にログインＩＤとパスワードを入力できると謳った指紋認証ＵＳＢデバイスは、キックスターターで50万ドルを集め、３００万ドルのベンチャー支援を受け取ったが、結局バグを解消することができなかった、という事例がある。

このように野心的なテクノロジープロジェクトは、製造工程、取引先との関係、日常的な使用といった点で厳しい現実に直面し、失敗することも少なくない。しかしプロジェクトが失敗したからといって、たとえば10ドル、１００ドルを出して応援した少額資金出資者たちは騙されたと思っているのだろうか？　また、客観的にみてもすべてが一概に詐欺とは言い切れない。

たとえば、キックスターターでの資金調達の先駆けとなったオーメート（中国・深圳と香港）や前述したペブル（カリフォルニア州）のプロジェクトがなければ、現在のかたちのスマートウオッチは存在しなかったといえるし、同様にキックスターターの別の成功事例であるオキュラス（カリフォルニア州）が存在しなければ、仮想現実（ＶＲ）がこれほどまでに大手ハイテク企業の注目を集めることはなかっただろう。

人々が夢を託して、革新的なプロジェクトに出資することで、さらなるイノベーションが望まれていることが大手ハイテク企業に伝わったり、イノベーションが最も歓迎される分野が明らかになったりする――こうしたクラウドファンディングの特徴は最も評価される点である。

失敗したプロジェクトの最初は、いずれも実現できそうな「夢」に賭ける人々の応援だった。そのため、失敗を「詐欺」とするにあたっては、素晴らしいアイデアやプロジェクトの挑戦意欲を減退させないような判定が必要だ。あらためてクラウドファンディングにおける詐欺の定義とは何か、もっといえば詐欺を定義することが可能かどうか、という点はむずかしい問題として認識しておきたい。

3 ベンチャーファイナンスからの視点

(1) アメリカで活発化するクラウドファンディング

a 従来の創業資金調達との違い

投資家とベンチャー企業の交流サイトが活用され、起業家は事業化に必要な資金を調達することができるクラウドファンディングは、その先進国アメリカで活発化している。

購入型において、出資者は、物品やサービス購入の対価として資金供与することが多い。企業やブランドのロゴ入りのTシャツやマグカップ、または完成後の製品やサービスなどに応じて、数百~数万円の資金供与を行う事例がほとんどである。クラウドファンディングは実質的に寄付の手段として用いられてきた。

具体的な例をあげて説明すると、映画を作成するというプロジェクトに対して出資を求め、その対価として監督からの感謝のメールや完成後の映画作品が出資者に送られたり、レセプションに招待されたりするというものである。これまではベンチャー企業が創業資金を調達する際には、資金を創業者や家族、知人、運がよければ**エンジェル**から調達する事例が多かった。翻っていえば、よい事業アイデアはあるが創業者や家族に資金面での余裕がない場合やエンジェルに出会えない場合、起業することは困難であった。

創業資金のエンジェル投資家グループからの調達は簡単ではない。資金調達の道は、起業家がエンジェル投資家のグループへ事業計画を送付し、審査通過の後、ディナーパーティ等で事業計画の発表が行われ、そのなかから厳選されたベンチャー企業に数百万～数千万円の出資が実行される。

b　ベンチャー企業の株式による資金調達の効果

このように創業資金の調達は従来、一部の有望なベンチャー企業が一部の富裕層投資家から出資を受け、はじめて成立するものであった。しかしクラウドファンディングの手法では、小口資金が活用される。そのため、投資家は従来の富裕層に限定されない。しかもウェブサイトを用いるため、より多くの投資家がウェブサイトを通じてエンジェル投資に参加できるようになる。エンジェル投資への参加者が増えれば、ベンチャー企業へのリスクマネー供給が促進されるだろう。

ちなみに、2010年にサンフランシスコで創業したベンチャー企業エンジェルリスト（AngelList）は、エンジェルと起業家が出会うプラットフォームをつくり、そこで自由に出資できるような仕組みを提供している。エンジェルリストのサービスは簡単にいうと、エンジェルと起業家がSNSを通して出会い、お互いの条件がよければ出資を行えるサービスである。ベンチャーキャピタルの仕事を脅かす存在として注目度は高い（コラム「クラウドファンディングとフィンテックの衝撃」239頁参照）。

クラウドファンディングには、リスクマネーの需要を促進する効果もある。少額出資が可能であるため、投資家の裾野が拡大し、ベンチャー企業はより多くの投資家にアプローチすることができるようになる。さらに、ウェブサイトを用いれば全世界の個人投資家を対象に事業計画の発表を試みることも可能である。

以上のように、クラウドファンディングをベンチャー企業の株式による資金調達に活用することにより、リスクマネーの需要と供給の双方を促進すること、その副次的な効果として投資家と投資先のミスマッチも改善されることが期待されるのだ。

(2) アメリカのJOBS法制定

a JOBS法の概要

クラウドファンディングでの資金調達額は小規模の場合も多く、十分に活用されているとはいえない面もあった。その背景として、クラウドファンディングが金融犯罪に悪用されるおそれがあり、投資家保護を目的に投資への活用が禁止されていた経緯がある。

しかしながら2012年4月5日、アメリカにおいて創業の促進をねらいとしたJOBS法（The Jumpstart Our Business Startups Act）が成立し、クラウドファンディングウェブサイトを活用する株式投資が解禁された。JOBS法では出資額などを制限することで投資家保護に取り組んでいる。具体的には、次のとおりである。

① 各企業のクラウドファンディングによる株式の調達額を制限する。
② 財務や事業の状況をクラウドファンディングウェブサイトや出資者に情報公開する。
③ 個々の出資者によるクラウドファンディングを用いた年間株式投資額を制限する。
④ クラウドファンディングを用いた株式による資金調達は米証券取引委員会（SEC）が規制監督し、SECに届け出されていないプラットフォームは株式の発行に携わって

はならない。

b　JOBS法に伴う規制緩和措置

さらにJOBS法では、クラウドファンディングウェブサイトによって資金調達した中小型ベンチャー企業を念頭に、中小型の新規公開を促進する規制緩和措置も盛り込んでいる。新たに新興成長企業として認定されるベンチャー企業が新規発行額5000万ドル以下のIPOを行う際の情報開示などの減免措置である。

これまでも500万ドル以下の資金調達を行う企業に対して、情報開示の減免措置などを行ってきたが、その資金調達の規模を5000万ドル以下に緩和した。減免措置では、IPOの際に通常3年分の監査ずみ財務諸表が必要なところを2年分としている（従来は新規発行額が500万ドル以下のIPO数が少なく、減免措置の効果が疑問視されていた）。さらに新興成長企業は、米国企業改革法（SOX法）404条で定められた内部監査報告や監査法人のローテーション義務が免除される。

内部監査報告への対応は、特に上場して間もないベンチャー企業にとって重い負担となっていたが、その負担が減免される。また、一般的にハイテク・バイオ企業などの監査業務は特殊な知識を必要とするため、簡単ではないとされているほか、監査人の担当企業が頻繁にかわれば監査業務に支障をきたし、監査体制の脆弱化を招くのではないかと危惧されていた。

加えて、クラウドファンディングを活用した資本調達を行うベンチャー企業を念頭に、SECへの登録を減免する措置がJOBS法に盛り込まれている。JOBS法成立までは企業が1000万ドル相当の資産を保有するか、もしくは株主が500名を超える場合にSECへの登録義務が生じたが、同じく保有資産1000万ドル相当であり、かつ、株式保有者が2000名を超えるか、もしくは適格投資家（一定の資産を保有する投資家や機関投資家など、プロの投資家として定義される投資家）以外の投資家が500名を超える場合に変更された。

(3) 大型化するアメリカの新規公開

特に新規発行額5000万ドル以下のIPO（以下、中小型IPO）に関して規制緩和されたのは、アメリカにおいて新規発行額5000万ドル以下の中小型IPOが際立って減少しているからといわれる。中小型ＩＰＯが減少した要因の１つとして、規制強化に伴う上場コストの増加が企業に懸念されていることがあげられる。

企業は上場することにより、経理部門の人員拡充や監査会社や弁護士事務所に支払う事務処理費用など、さまざまなコストが発生する。その費用は上場時に平均２５０万ドル、上場維持費用は平均して毎年１５０万ドルとの調査結果もある。つまり上場後10年で、その維持費用は累計で１７５０万ドルにも及ぶことになる。それがＪＯＢＳ法による規制緩和によって、今後は上場コストの軽減が期待されてる。

中小型ＩＰＯが減少したもう１つの要因は、中小ベンチャー企業のＭ＆Ａが活発化したことである。グーグルやアップル等のハイテク大企業は、ベンチャー企業買収の専門部署やコーポレート・ベンチャー・キャピタル（ＣＶＣ）といわれる自前のベンチャーキャピタルを設置し、新しい技術やビジネスモデルを獲得している。

このように企業がベンチャー企業を買収し技術を獲得する経営戦略はオープン・イノベーションと呼ばれる。企業は内部の研究所ですべての研究開発を行うわけではなく、有望なベンチャー企業の技術や製品を取り込み、企業成長の原動力としている。また、ベンチャーキャピタルからの潤沢な出資を得ることができた中小ベンチャー企業は、他の中小ベンチャー企業の買収を繰り返すことで大型ＩＰＯを目指すという循環が働いている。

以上の状況下で、中小ベンチャー企業を対象としたＭ＆Ａの増加がＩＰＯの大型化を促進した。アメリカのＩＰＯの１件当り発行額は１９９０年代後半以降、増加傾向にある。日本においても中小ベンチャー企業のＭ＆Ａが活性化すると、大型ＩＰＯが促進される可能性があるといえるだろう。

⑷　種類株式を活用し資金調達を活性化

日本においてもベンチャー企業を対象としたＭ＆Ａが増加すれば、今後、種類株式の活用が活発化するかもしれない。ある種類株式に残余財産優先分配権が設定されていれば、会社清算の際に、残余財産のうちの一定額を優先的に受け取ることができる。そのため、ベンチャー投資の高いリスクを一定程度軽減することができるのだ。

株式市場が低迷し、ＩＰＯが減少する環境のなかで、Ｍ＆Ａによる売却を目標とするベンチャー企業も多い。今後、Ｍ＆Ａが増加すれば、ベンチャーキャピタルは残余財産優先分配権の行使によって、最低限のリターンを確保することを求めるようになる可能性がある。日本では２０００年前後に上場したベンチャー企業が上場から10年程度経過し、新たな成長機会を外部に求めて、後発のベンチャー企業に投資または買収を行う例がある。

その場合、今後は種類株式の活用を阻害しないよう、さらに税制や株式市場を整備するべきである。種類株式の活用が活発化すれば上場基準の再考も必要だ。特にストック・オプションは従業員へのインセンティブとしてベンチャー企業に活用されている。種類株式を発行した場合であっても、普通株式のストック・オプション発行におけるデメリットがないよう種類株の利用促進が期待される。

さらに株式型クラウドファンディングにおいては、たとえば、無議決権（普通株式から議決権を取り除いたもの）の株式発行を行うことで、株主管理コストの問題や、会社支配権の源泉となる株式を管理が困難なクラウド投資者に渡してしまうことの問題等を回避でき、同様に種類株式の活用が必須となることになってくることだろう。

(5) 企業の発展段階に応じた資金供給の活性化

日本においてベンチャー企業を育成するには、目詰まりしているベンチャーファイナンスを促進する必要があり、特に発展段階の資金供給を活発化する必要がある。すなわち、日本におけるクラウドファンディングの活用推進策が必須の課題であった。

政府は成長戦略に「企業の成長段階に応じ、多様な資金手法を動員して成長マネーを供給する」という方針を盛り込んだ。このうち起業段階の支援策については、インターネットで小口資金を募る「クラウドファンディング」の活用を柱に据えた。1700兆円を超える個人の金融資産のリスクマネーとして供給し、ベンチャー企業や地方の中小企業の育成を後押しするねらいである。以下がその要点である（図表2－1参照）。

① クラウドファンディングは金融庁が2015年5月、未公開株式に出資できる「株式型」を遂に解禁した。金融機関からの融資が受けにくいベンチャー企業等は、個人からの資金を受けやすくなったといえる。1人当り50万円まで未公開企業の株式に投資できるようになり、企業は1億円未満の資金を調達できる。

② 創業後間もない成長過程にある企業には、ベンチャーキャピタルの投資を促し、金融以外の事業会社がつくる投資ファンドからの出資も促す。

③ 未公開企業については、2015年5月から始まった「株主コミュニティ制度」（177ページ参照）を生かし、株式を長く保有してもらう。経営者の親族や重要取引先

図表2－1　企業の発展段階に応じた資金供給（イメージ）

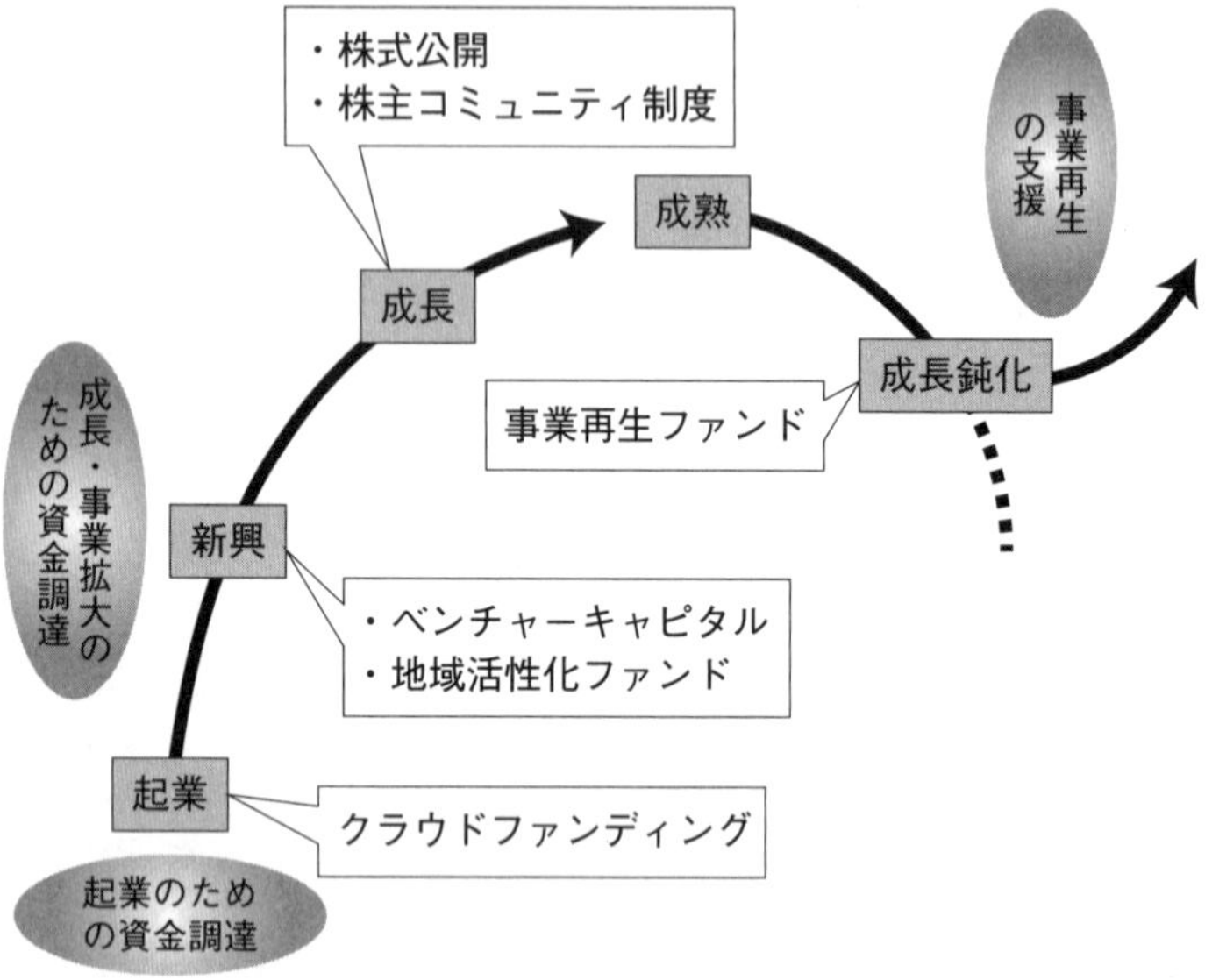

の役員等、その企業をよく知っている投資家だけを対象とするため、企業に負担となる情報の開示が軽減されて資金が集めやすくなる利点がある。ただし、実質的に流動性がないという課題がある（第6章1⑶参照）。

④　政府系ファンドの地域経済活性化支援機構が2015年4月に組成した「地域中核企業活性化ファンド」などの関与を想定している。経営改善の資金を融資するほか、経営のアドバイスをする専門家も派遣する、としている。

政府は、こうした取組みを企業の成長段階にあわせて実施し、国内の経済成長を後押しする。個人が投資しやすい環境を組み合わせ、広く企業に資金が行き渡るようにするねらいがあるといえよう。ただし、詐欺が横行して国内の投資に対する信用機運が縮小しないか、運営者への適切なチェックと、投資家への**金融リテラシー**（必要な金融の知識や情報を取得し、金融を主体的に判断できる能力）を向上させる教育を手厚くする必要があることはいうまでもない。

また、起業後の支援も重要だ。創業後の事業拡大には地域金融機関などの力も求められる。地域金融機関とどう連携できるかが中小・ベンチャー企業の成長のカギといえる。

日本の株式型クラウドファンディングの活用に向けて、ベンチャー企業の資金調達環境が今後さらに改善される期待は大きい。

第3章

資金出資者とプロジェクト

本章のポイント

掲載されたプロジェクトに対し、不特定多数の人が支援金を提供する。プロジェクト支援者や（特に株式型）資金出資者に関する説明と成功するプロジェクトのポイントと具体例について説明する。

【クラウドファンディングで応援・出資するには？】

★クラウドファンディングを利用して応援・資金を提供したい！

あなたはどのように自分の資金を活用したいだろうか？

1 世の中や人のために自分のお金を使ってほしい！

⬇ 寄付型

2 新しいサービスや商品の開発に資金を提供して開発に協力し、サービスや製品を手に入れたい！

⬇ 購入型

3 個人や企業に資金を貸し付けて、高い金利収入を得たい！

4　商品やサービスのプロジェクトに資金を出資して、商品やサービスとプロジェクトの成功に応じた配当を得たい！

⬇ 金融型／貸付型

5　中小ベンチャー企業の非上場株式を取得し、そのビジネスの将来性に賭けてみたい！

⬇ 金融型／ファンド型

⬇ 金融型／株式型

1　個人金融資産1700兆円の生かし方

(1)　個人金融資産は1700兆円だが……

日本人のお金に対する保守的な姿勢は相変わらずだといえる。日本銀行の「資金循環統計」によれば、2015年3月末の家計の金融資産は初めて**1700兆円**を超えたが、安全資産の代表である現金と預金の比率が52%と過半だったからだ。

家計の金融資産は、個人が老後に備えて蓄えたものという面が大きい。慎重に使わなければならないのは当然であるにしても、もし資金に多少なりとも余裕があるなら、将来の日本の成長や環境改善に役立つリスクマネーや寄付金などへの資金出資にもっと前向きであってもよいはずである。

それはめぐりめぐって日本経済やわれわれの生活を活性化させる効果ももつはずである。個人が積極的にこのような資金出資を行えるような環境整備を急ぐべきだろう。

現在、個人金融資産の6割強は60歳以上に偏在している。一般にこの世代は、教育費や住宅ローンの負担が軽くなる一方、退職金を受け取るため、金融資産の蓄積が進んでいる。高額品を中心とする消費の主役として注目されるだけでなく、リスクマネーの出し手としての役割を期待する向きが多い。現在の60歳以上の人は金融・投資の初心者が多い。まずは金融・投資や資本市場に関して正しい知識を得るための学びの教育機会、つまり**金融リテラシー向上**の施策が必要である。

(2) 株式型クラウドファンディング成長のインパクト

東京証券取引所や証券業界の自主規制団体である日本証券業協会等による個人投資家の裾野を広げる努力は重要だ。そして、できるだけ多くの個人資金出資者が既存の金融機関や運用会社に頼ることなく、自力で有望な企業や事業を見つけ、資金を投じられるようになることが、とりわけ株式型クラウドファンディングの利用を促し、発展させるキーポイントにもなる。

株式型クラウドファンディングを利用するのは、知名度の低い中小ベンチャー企業が大半だ。監督当局が不正に目を光らせるのは当然だが、ウェブを運営するクラウドファンディング運営者が出資を募る企業に対し詳しい経営情報の開示を促すといった、自主的な取組みも欠かせない。

モノの値段が下がり続けるデフレのもとでは、現金や元本保証の預金を多くもつことが財産の目減り防止につながった。日本経済がデフレからの脱却を果たし、再生の道筋がはっきりとしたものになれば、個人が自己責任に基づいて株式などに資金を投じる動きも強まるだろう。

企業にとって個人資金出資者は、投機的なファンドなどと違って経営をじっくりとみてくれる資金の出し手となりうる。これまでにも増して、企業が個人を惹きつけるための努力が必要となる。

個人マネーを成長の原資とした中小ベンチャー企業が、大企業だけでなく、雇用創出やイノベーションを通じて成長の富を社会や個人に還元していく――そのような経済活性化の道筋を、さらにしっかりと確かなものとすることが、この日本を豊かにしていくのではないだろうか?

2 資金出資者の視点

(1) 未公開企業への投資（出資）に伴うリスク

特に、株式型クラウドファンディングにおける未公開企業の株式への出資については、資金出資者にとって以下のリスクがある。

① 収益モデルが確立していない企業への投資が含まれることから、投資家が損失を被る危険が高いこと（**損失リスク**）

② 現に取引市場がなく、将来の上場やバイアウトも確約されていないことから、仮に投資対象企業が成功したとしても、株式を売却する機会が与えられない可能性があること（**流動性リスク**）

③ 成長志向の企業は、収益を再投資して事業を成長させるのが一般的であることから、配当収益を得ることは期待できないこと

④ 資金ニーズが高く、さらなる株式による資本調達が予定されていることが通常であることから、持分が希釈化していくこと（**希釈化リスク**）

また、もし仮にとてもよい事業内容で魅力的な未公開企業であれば、他の資金出資者（たとえば銀行などの金融機関やＶＣなどのプロ投資家）にアプローチされているはずであり、あえて調達源をクラウドに求める必要はない可能性がある。そのようななかで、資金調達をクラウドファンディングに求めている未公開企業の投資リスク（信用度の低い企業群）をどのように考えるかという問題がある。

(2) 株式型クラウドファンディングと投資者保護ルールとの整合性

通常の上場株式に比べて類型的に高いリスク特性をもつ未公開企業の株式に対する投資について、規制の態度としては、「ハイリスクな投資であるから、損失を被っても問題が小さい資産家や、未公開株式の投資についてよくわかっている投資のプロだけが投資できるようにしたい」と考えるのが自然である。この思考様式に従って、一定の資格をもつ投資家(たとえば特定投資家)だけが投資することができる、ということにすると、「だれでも」投資できるというクラウドファンディングの特徴から離れてしまう。

したがって、従来は「(類型的にリスクが高いはずの)未公開企業の株式に対してだれでも出資できる」という世界観を、現行の投資者保護ルールと整合するかたちでどのように実現するか、が重要なポイントであった。

そこで2014年5月に成立し、翌15年5月に施行された改正金商法では、①アメリカの**JOBS法**のような、年収や資産をベースにひとりの個人投資家が1年間に投資することができる投資額に上限を設けることで投資家保護を図ること、②イギリスの**金融サービス法**のような、1件当りの投資額を限定する手法がとられていることを参考に、ひとり当りの投資額が50万円以下（調達の総額は1億円未満まで）と規定され、投資家保護のためのルールとして「ネットを通じた適切な情報提供」や「ベンチャー企業の事業内容のチェック」が事業者に義務づけられることになった。

(3) 株式型クラウドファンディング参加者の資格者

しかし重要なことは、金融リテラシーを向上させるとともに、第1章で述べたように、資金出資する理由が根本的には**「思い・共感など人々がもつ非金銭的なモチベーション」に基づく**もののはずだ、ということだろう。

その意味では、従来の高い金銭的リターンを期待する未公開株式投資とは、質的には異なる性格だということをよく認識する必要がある。株式を保有することで、まずは資金調達者を信じ、その事業の成功を心から応援するという「温かい」気持ちが株式型クラウドファンディングでも必要なものだと考える。

信じて納得して投資した結果、株式がたとえ紙切れ（投資先企業の倒産）になったとしてもかまわない――それぐらいの寛容さと余裕ももった資金出資者が資格者ともいえるのではないだろうか。

ただし、そうはいっても、クラウドファンディングの発展のためには、後述（第6章1(3)）するように出口（流動性）の課題は残る。未公開株式の流通の仕組みは必要になるだろう。

3 プロジェクトを成功に導くには？

(1) プロジェクトの成功率と活発度（Massolution Report）

第1章で紹介したMassolutionの調査レポートによると、プロジェクトの成功率については、寄付型の場合、オールオアナッシング方式を採用していないものも多いため、資金が支払われる可能性が高くなり、成功率も9割以上に達しているとのデータがある。

また、プラットフォームの**活発度**（activity）について、プロジェクトの成功件数と個々のカテゴリーの資金調達額という2つのパラメータを使って測定すると、社会奉仕事業が最も高い数値を示している。さらに、社会奉仕やアート系の事業分野では、非金銭型である寄付・還元型の活発度が比較的高いのに対し、ビジネス・起業、エネルギー・環境、情報・通信技術の事業分野では、逆に金銭リターン分配型の数値が高くなっている。

この事実は、前者のカテゴリーの資金提供者は、金銭的なリターンよりも社会貢献あるいは趣味・趣向を動機として資金提供している割合が高く、逆に後者のカテゴリーの資金提供者は、金銭的リターンを重視して資金提供していることを裏付けるものと考えられ、結果としては興味深い。日本の株式型クラウドファンディングにおいても、やはり結果的には出資企業の成長、株価価値上昇を期待させる事業・会社は活発度（成功件数×資金調達額）が高い、ということになるのだろう。

(2) プロジェクト成功の4つのポイント

プロジェクトが成功するにはどうしたらよいか。以下、4つのポイントがある。

① 「惹きつけるリターン（リワード）」の提示

クラウドファンディングでお金を出した人は、金額に応じた特典がもらえる。たとえば、500円を出せばメンバーから直接お礼のEメールが届き、3万円を支援すれば試作品に名前が印刷されるようにする等である。出せるお金を何段階かに分けることで、「気軽な支援」から「ガッツリとした支援」まで選べるようにするのがポイントである。

② SNSなど拡散力の強化

ある例では、沖縄の伝統的技法のデザインを生かした食器づくりを企画した女性作家は、目標額の3倍以上の160万円の資金を集めた。4分の3が知り合い以外の支援者で、大きな額を集めるためには、自分が直接知らないネットワークの人たちに思いを届けることが大事だということを証明した。メディアの取材を受けたり、ツイッター（Twitter）やフェイスブックを使ったりするといった支援の呼びかけが効いてくるのである（詳しくは、第7章参照）。

③ 「仲間」心理

日本語の「寄付」という言葉は、お金をあげる人と受け取る人の間に上下関係が生まれるようなイメージを与える。クラウドファンディングの場合、「お金を恵んでもらう存在」ではなく、「一緒にプロジェクトを成功させる仲間」と考える。資金調達者が、企画を進めるメンバーの個人的な思いを紹介したり、お金集めの苦労を率直に語ったりすれば、一緒になってプロジェクトを広めてくれるのである。

④「ゲーム性」の刺激

クラウドファンディングの特徴である「ゲーミフィケーション」である。最初の1週間で目標の30％のお金が集まり、残りの1週間で70％集まるのが、よくある成功パターンといわれる。ラストスパートで一気に目標を達成する人が少なくない。最後のほうになると、「本当に達成できるのか？」とみているほうもドキドキして思わず支援したくなる。最後の1週間になったら、資金集めをゲームのように演出することも大切なテクニックである。

(3) 企画の目的――企画に適したプラットフォームを選ぶ

まず「何の目的でこの企画を立ち上げるのか？」ということをよく認識する必要がある。その答えが出ると、次にどのサイトでその企画を立ち上げるかを選ぶことができるようになる。「国内なのか、海外なのか？」「オールラウンド型サイトなのか、ニッチ型サイトなのか？」、さらに「そのサイト内でどのジャンルが最も近いのか？」などである。

たとえばキックスターターであれば、ゲームや映像、そしてデザイン系のプロジェクトには強いが、それ以外のジャンルの場合は他のサイトのほうが適している場合もある。ニッチ型のサイトの場合、プロジェクトとサイト内のユーザーのマッチングがしやすいため、支援が集まりやすいこともある。企画の目的や趣旨に近しい支援者が集まるサイトを研究してみることが大事だ。

(4) 企画のターゲットユーザー——ファンとの関係を構築する

過去にクラウドファンディングで成功しているプロジェクトに共有していえることは、しっかりと支援者の声を聞きながらコミュニケーションをとっている点である。掲載前からファンが求めていることをヒアリングし、その声をページに反映させてつくっているケースが非常に多いのである。数千万円を集めたプロジェクトの場合、最低でも4～6カ月は準備期間としてファンとの関係構築に時間をかけている。

ファンコミュニティをつくるためにも、自社サイト、フェイスブック、ツイッター、インスタグラム（Instagram）、ピンタレスト（Pinterest）等のメディアを駆使して、継続的に企画について発信することが大事である。これらすべてをプロジェクトの掲載後に始めたとしても、結局少人数の人にしか知ってもらえず不成立になってしまう可能性が高い。初期支援者の多くが、①知人友人、または、②自社で抱えているファンとなる。そこが起爆剤となった次に、ようやく、③初めて企画のことを知る人が支援する流れになる。

(5) 市場調査・分析——他のプロジェクトに支援してみる

プロジェクトが成功するために何をすべきか？——これを知るには勢いのあるプロジェクトに支援してみることがいちばんである。「プロジェクトページで何を伝えているのか？」「リワードは何が人気なのか？」、そして「どのような更新を行っているのか？」「質問に対してどのように答えているのか？」等、成功する法則が見つけられるだろう。

また、話題になっているプロジェクトに実際に支援し参加することで、成功しているプロジェクト運営の疑似体験をすることができる。更新している間隔も記録に残しておくと、自分のプロジェクトを運営する際の目安として活用できる。

(6) アクションプラン／スケジュール——プロジェクトに費やす時間を確保する

プロジェクトを成立させた大半の人が、プロジェクト掲載中は毎日ある程度まとまった時間をとって、支援者や支援者候補の人とコミュニケーションを確保する努力をしていたといわれる。このことが成立への第一歩といえるのだろう。

もちろん、それ以外にも活動報告の投稿や画像素材の用意等が必要だ。定期的に各ソーシャルメディアでのプロモーション、メーリングリストへのメルマガ配信、メディア記者へのコンタクトもプロジェクトを盛り上げるためには不可欠である。これらをこなすためにどれくらいの時間が必要となるかを事前に知っておくだけでも、かなり精神的に楽になる。また、ソーシャルメディアやブログ投稿などは習慣になっていないとすぐに忘れてしまいうるので、必ず慣れておくことも忘れてはならない。

以上のまとめとして、プロジェクトページの書き方や詳細を考える前に、事前準備をしっかり行うことがプロジェクト成功の第一歩となる。

① 最も支援者が集まりそうなサイトを選ぶ。

②　応援者（ファン）を事前に囲い込んでおく。
③　他のプロジェクトに支援をして具体的に研究する。
④　プロジェクト掲載中に必要な時間を把握する。

(7)　成功のコツは？

日本におけるエンタテインメント関連のプロジェクトは、比較的、目標金額100万～300万円規模のものが多く、支援額はプロジェクトによって差はあるものの、1人1万円前後が多いようだ。そして、もし特定のターゲットに向けて発信できるなら、高い金額を得やすく、成功の確率も高まるため、少数の参加者でもいかにその内容を納得させることができるかがカギとなる。

課題としては、多くがカード決算システムを取り入れているため、若者層にアピールできないこともあること等だが、日本もフィンテック・ビジネスの進展で決済手段がより利便性を増すと予想され、解決される方向になるだろう。

最後に、実施するうえでの主な成功するコツを3点あげてみたい。

①**「ストーリー設計」——明確に理由と目的を示し、支援者の気持ちを動かすこと**

「これまでどんな思いで活動を続けてきたのか?」「なぜクラウドファンディングで資金を集めるのか?」「だれにアピールしたいのか?」等につき、写真や動画を使って明確に伝える。そして発案から思い描く成功までストーリーを示し、支援者の感情に訴えかけること。プロジェクト公開前に、マーケティングプランを設計しておいたほうがよいだろう。

②**「密なコミュニケーション」をとること**

公開後も、現在の心境や支援者数の動向などを逐一報告すること。「あと○○人、支援をお願いする!」「皆さんのおかげで×××人集まりました」といったアピールを積極的に行い、多くの人を巻き込んでいく。密なコミュニケーションは、コアファンづくりにつながるはずだ。

③**「付加価値のあるリターン(リワード)」があること**

たとえば、アーティストの支援であれば、「本人に会える」「CDライナーノーツに名前が載る」「レコーディングを見学できる」など、普段体験できないリターンを用意する。

その感動はＳＮＳでも拡散されやすく、認知度の向上にもつながる。

クラウドファンディングはファンクラブのようなもので、単にプロジェクト・資金調達を成功させるためではなく、同じ熱をもつファン同士をつなぐ役割も果たす。まずは、「ファンのために何ができるのか」を優先して考えるべきであろう。

第4章

クラウドファンディング運営者

本章のポイント

クラウドファンディング運営者は、プロジェクト応募から支援金の支払・リワードのフォローに至るまで運営する。業界内容や運営主体と、運営に係る制度に関する説明を行う。利用者は業者選別する目を養うことも必要である。

【クラウドファンディングを利用するには?】

★クラウドファンディングを利用してアイデアなどの資金調達・出資を行いたい!

あなたはどの運営者を選んだらいいのだろうか?

《日本の代表的なプラットフォーム運営会社》（図表4－1参照）

1 公共的・公益的な活動等に必要な資金の無償提供仲介を利用したい!

⬇ 寄付型

・ジャパンギビング

2 新しいアイデアを実現するための資金仲介を利用したい!

⬇ 購入型

図表4－1　わが国のクラウドファンディングの代表例(2016年3月末)

① 寄付型

サービス名	JAPANGIVING http://japangiving.jp/	ガバメントクラウドファンディング (ふるさとチョイス) http://www.furusato-tax.jp/gcf/
1　クラウドファンディングタイプ	寄付型	寄付型
2　クラウドファンディング業務開始時期	2010年3月1日	2013年9月1日
3　クラウドファンディング実績	累積寄付金額　12.3億円	累積寄付金額　約2.1億円 (2015年8月17日現在)
4　最低出資額	1,000円	プロジェクトによる
5　出資者手数料	—	—
6　調達者手数料	—	—
7　特徴・備考等	・寄付型に特化したクラウドファンディングスキーム。 ・出資者は直接寄付を行うほか、「チャレンジャー」として目標と寄付先を設定して自分自身がなんらかの「チャレンジ」を行い、それに対して献金を他者から集めて寄付することもできる。 ・2001年にイギリスで設立されたJUSTGIVINGの日本版としてスタートしたが、15年1月、ライセンス切れにより名称をJAPAN GIVINNGに変更した。	・ふるさと納税ポータルサイト大手の「ふるさとチョイス」のなかで「ふるさと納税」の派生系として取り扱われている寄付型クラウドファンディング。 ・自治体がプロジェクトオーナーとなっていることから「ガバメントクラウドファンディング」と名づけられている。 ・寄付対象のプロジェクト先にありきであり、寄付者のプロジェクトへの「共感」が起点となるところが通常の「ふるさと納税」とは異なるが、金額が目標額に満たなくてもプロジェクトが成立する点やプロジェクトとは直接関係のない「お礼の品」が寄付者の寄付金額に応じて贈られるケースが多い点など、「ふるさと納税」の要素も強い。 ・当然ながら原則すべてのプロジェクトへの寄付金が「ふるさと納税」制度における「寄附金特例控除」の対象となり、一定金額の寄付までは寄付者の実質的な負担は2,000円にとどまる。 ・プロジェクトオーナーが自治体のため寄付金が悪用されるリスクは低いといえる。
8　運営企業名	一般財団法人ジャパンギビング	株式会社トラストバンク
9　法人設立日	2010年	2012年
10　資本金／純資産	400万円	7,500万円
11　出資者／株主構成	—	—
12　従業員数／うちCF担当	不明	25名／—

FAAVO https://faavo.jp/	academist https://academist-cf.com/	TFF https://www.tff.or.jp/
購入型地域案件型	購入型研究開発案件型	購入型地域大学案件型
2012年6月	2014年4月	2015年9月
1.2億円	4,800万円程度 (2015年9月現在)	累計百数十万円
500円	500円	1,000円
—	—	—
調達額の10～20%	調達額の20%	調達額の15%
・「出身地と出身者をつなげる」をメインテーマとして地域発信型のクラウドファンディングを展開する。 ・同一のプラットフォームを使用しつつも、全国を都道府県単位以下のエリアに分け、エリアごとに個別に委託先を決め、地域に密着した法人（事業法人、金融機関、地方公共団体等）に運営を委託する独自のスタイルをとる。 ・株式会社サーチフィールドはシステム・ノウハウ面での支援を行い、委託先より運営費を受け取る（一部自社で運営しているエリアもあり）。	・クラウドファンディングの仕組みを研究費の獲得に適応させることで、研究者や研究内容の魅力を社会全体で共有できるような仕組みづくりを提供する。	・新規事業を志す学生・研究生・教員・卒業生等に対し資金提供を募る「クラウドファンディング」の仕組みを日本の大学系として初めて導入、筑波大学の卒業生を中心とした一般市民からの資金獲得手段を提供する。またこのインフラを通じてファンドレイジングの際に必要な学生の事業構想力・発表力・論理力等を育成し、教育効果を図る。
株式会社サーチフィールド	アカデミスト株式会社	一般社団法人筑波フューチャーファンディング
2008年7月	2013年4月	2014年5月
1,000万円／	100万円／	—
役員等個人		—
35名／5名		8名／8名

② 購入型

サービス名	READYFOR https://readyfor.jp/	CAMPFIRE http://camp-fire.jp/	Makuake https://www.makuake.com/
1 クラウドファンディングタイプ	購入型オールラウンド型	購入型オールラウンド型	購入型オールラウンド型
2 クラウドファンディング業務開始時期	2011年4月	2011年6月	2013年8月
3 クラウドファンディング実績	累計5.4億円	累計4.3億円	不明
4 最低出資額	3,000円	500円	—
5 出資者手数料	—	—	—
6 調達者手数料	額面の17%	額面の20%	額面の20%
7 特徴・備考等	・社会貢献型を中心としたプロジェクトへの「支援者」を募集するかたちが主体のクラウドファンディングスキーム。 ・出資者は金銭的な見返りは求めないが、プロジェクトの支援者として共感したプロジェクトが発行する「引換券」を購入し、結果の報告を受け、成果物やサービスを引換券と交換する形式。 ・購入型の老舗であり、プロジェクトの性質上NPO、NGOとのタイアップも多い。 ・プロジェクトが成立すると企業等のスポンサーが同額を出資する「マッチングギフト」等ユニークな取組みにも力を入れている。	・音楽、アート、アイデア商品等クリエイティブ系のプロジェクトに強みをもつ購入型クラウドファンディングサービス。 ・出資者は金銭的な見返りは求めないが、「パトロン」として共感したプロジェクトに出資し、成果物やサービスを受け取る。	・サイバーエージェントグループが運営しているサービスになるため、会員が3,000万人を超えるAmebaとの連携を含め、グループで保有しているさまざまな資産を活用でき、そのメディア力、告知力は大きな強み。 ・サイバーエージェントグループが保有しているノウハウやコミュニティ運営術も大きな武器。 ・スマートフォン対応に力を入れていることも強み。 ・決済手段を多様化させている。
8 法人設立	READYFOR株式会社	株式会社ハイパーインターネッツ	株式会社サイバーエージェント・クラウドファンディング
9 法人設立日	2014年7月（2008年3月設立のグループ会社「オーマ株式会社」より2014年11月に事業譲渡）	2011年1月	2013年5月
10 資本金／純資産	1,000万円／	8,000万円／	4,000万円／5,300万円（含資本剰余金4,000万円）
11 出資者／株主構成	役員等個人	個人・VC等	株式会社サイバーエージェント 100%
12 従業員数／うちCF担当	7名／7名	11名／11名	12名／12名

maneo https://www.maneo.jp/	AQUSH https://www.aqush.jp/
金融貸付型	金融貸付型
2008年10月	2009年12月
成立ローン総額200億円 （※2014年９月時点）	2012年度のローン募集総額約29億円 （※2014年９月時点）
500万～5,000万円	500万～３億円
１万円	1,000円（各ファンド）
なし	なし
明記なし。金利に含まれる。	年1.5% 実行時に額面の４％（個人） 2.1%～（不動産担保） 口座開設時最低５万円の入金
２カ月～３年	３カ月～３年
・日本最大規模の金融貸付型クラウドファンディングサービス。 ・事業性資金への匿名組合経由の貸付形態をとる。匿名組合はmaneo株式会社のなかに設立される。出資者はmaneoマーケットに出資申込みを行い、maneoエスクローに資金を振り込む。貸付はmaneo株式会社の匿名組合より実行される。 ・現在は、匿名の個別事業者への貸付のかたちをとっているが、複数事業者への貸付を括った「ファンド」への貸付型にモデル変更予定。	・金融貸付型のクラウドファンディングスキーム。 ・個人の信用度に応じた独自の格付と金利のマトリクスにより投資対象をグループ化し貸し手を募るAQUSHマーケット、保証付きの不動産担保ローンファンド、アメリカ最大の個人向けクラウドファンディングlendlingclubへの投資を行うグローバルファンド等への匿名組合経由の貸付等を特徴とする。 ・出資者１人当りの上限金額を2,000万円に設定している。
運用前後の顧客からの預託金は分別管理を実施している。	運用前後の顧客からの預託金は分別管理を実施している。
maneo株式会社	株式会社エクスチェンジコーポレーション
2007年４月 8,000万円／２億4,200万円	2008年５月 １億万円／9,000万円
未詳	未詳
７名	11名
貸金業（東京都） 第二種金融商品取引業（子会社）	貸金業（東京都） 第二種金融商品取引業者

③　貸付型

サービス名	SBI Social Lending https://www.sbi-sociallending.jp/
1　クラウドファンディングタイプ	金融貸付型
2　クラウドファンディング業務開始時期	2011年3月
3　クラウドファンディング実績	累計39億1,000万円（証券担保ローンを除く） （※2014年9月時点）
4　募集金額	500万～2億8,400万円
5　最低出資額	1万円
6　出資者手数料	年1.5%（証券担保ローン） 年2.2%（不動産担保ローン）
7　調達者手数料	なし
8　運用期間	4カ月～2年
9　特徴・備考等	・金融貸付型のクラウドファンディングスキーム。 ・独立系やバックグラウンドの不明な運営会社の多いこの業界にあって、SBIホールディングス株式会社100%出資と背景がはっきりしており安心感がある。 ・グループ会社のSBI証券に証券を保有する顧客向けの証券担保ローンファンドの運用に特徴がある。 ・その他不動産担保ローン、オーダーメード型の単発ローンファンドなどを取り扱う。
10　顧客資金分別管理	運用前後の投資家の資金は「投資家用口座」（投資家からの資金受領用）、「貸金用口座」（貸付実行のための口座）、「分配用口座」（投資家への出資金の返還および配当金の留保用口座）に同社固有の財産とは分別されて管理されている。
11　運営企業名	SBIソーシャルレンディング株式会社
12　法人設立日	2008年1月 1,000万円／6,100万円
13　出資者／株主構成	SBIグループ100%
14　従業員数／うちCF担当	11名
15　登録等	貸金業（東京都） 第二種金融商品取引業

④ ファンド型

サービス名	セキュリテ http://www.securite.jp/
1 クラウドファンディングタイプ	金融ファンド型
2 クラウドファンディング業務開始時期	2009年２月
3 クラウドファンディング実績	募集総額46億2,000万円 （※2014年９月時点）
4 募集金額	300万～１億円
5 最低出資額	１万円程度から
6 運用期間	２～10年
7 出資者手数料	出資額の5.5～10%の取扱手数料
8 調達者手数料	年2.1%の運営手数料 監査手数料30万円
9 特徴・備考等	・設立当初はミュージシャン向けの音楽ファンドに特化、その後、他の分野のファンド組成にも展開し、2009年に現在のプラットフォーム「セキュリテ」を設立した。 ・出資者は配当以外に特典も付与されるケースが多い。 ・出資額と同額を寄付する形式の「被災地応援ファンド」、ベトナム、カンボジア等のマイクロファイナンス機関向けファンドである「マイクロファイナンス貧困削減投資ファンド」も取り扱う。
10 運営企業名	ミュージックセキュリティーズ株式会社
11 法人設立日	2001年11月
12 資本金／純資産	１億7,200万円／
13 出資者／株主構成	個人 東京海上キャピタル株式会社 ユナイテッド株式会社 株式会社電通 三菱UFJキャピタル株式会社　ほか
14 従業員数／うちCF担当	25名
15 登録等	第二種金融商品取引業

（注）数字は確認できた時期のものであり、あくまで参考値とされたい。

〈オールラウンド型〉

・レディフォー（READYFOR）

・キャンプファイヤー（CAMPFIRE）

・マクアケ（Makuake）

〈ニッチ（専門・地域）型〉

・ファーボ（FAAVO）（地域案件）

・ゼンモノ（zenmono）（ものづくり案件）

・アカデミスト（academist）（研究開発案件）

・TFF（大学）（第7章参照）

3 事業や生活のために必要な資金の仲介を利用したい！

⬇ **金融型／貸付型**

・SBI

・マネオ（maneo）

・アクシュ（AQUSH）

4　新たな事業プロジェクトの資金の仲介を利用したい！

⬇ 金融型／ファンド型

・ミュージックセキュリティーズ

5　ベンチャーや新規ビジネスを行うための会社の資本金の仲介を利用したい！

⬇ 金融型／株式型

・なし（2016年1月31日現在）

1　クラウドファンディングの業界動向

「寄付型」や「購入型」については、クラウドファンディング事業を行うための特別な要件や許認可を要しないため、正確な数値は把握されていない。積極的な事業活動を行っている企業数は首都圏中心に100社程度と推定される。

(1) 市場動向

第1章1(2)cで述べたように、クラウドファンディング調査のパイオニアであるアメリカのMassolutionの調査によると、2014年の世界のクラウドファンディングによる調達総額は162億ドル（約1兆9440億円。1ドル＝120円換算）と推定されており、前年比較で2・6倍以上の増加となっている。

日本に目を転じると、「寄付型」「購入型」の累計投資総額が50億円程度、「貸付型」（ソーシャルレンディング）は同150億円で、合計すると200億円程度に達している。とりわけ、直近1年間では「寄付型」「購入型」が大きく拡大しており、なかには取扱金額が前年比2~3倍に拡大している業者もある。

これは、スマートフォン等の普及により個人のネット利用環境が改善され、SNS利用の進展がその背景にあるとみられる。クラウドファンディングは事業や商品などへの共感が前提となるので、これら個人の共感を集める仕組みをテコに、今後整備される「株式型」も加わり、今後はいっそうの拡大が期待されている。

(2) クラウドファンディング運営者の課題と展望

「株式型」での資金調達を仲介する運営者の参入基準は引き下げられることもあり、クラウドファンディングへの一般的関心の高さもあり、当面は事業者も増加することが予想される。しかし「株式型」で制度整備されるということは、半面では規制されるということでもあり、今後は特に審査基準やネット上の情報提供の仕方などが共通化されていく可能性が高い。

この影響は「寄付型」「購入型」にも及び、現在は多少区分があいまいな寄付行為や物品の販売促進行為と、資金調達目的のクラウドファンディングが区分されていくことになるかもしれない。それに伴い、仲介する運営者も二分化される可能性がある。さらに、「貸付型」「ファンド型」「株式型」の金融型のクラウドファンディングを行う運営者は、利益相反管理態勢など**コンプライアンス体制**の整備にかけるコストに十二分に意を用いる必要がある。プロローグでも触れたアメリカ「貸付型」業界トップのレンディングクラブのコンプライアンス違反問題は、大きな企業価値のダメージを与え、業界にも大きな波紋を投げかけた。コンプライアンス体制は、経営管理体制上、**システムのセキュリティ**とともに留意しなければならない最重要項目として強く認識しておきたい。

新規・成長企業へリスクマネーを供給する仕組みとしては、当面は企業や事業者の負担が比較的軽い「ファンド型」での対応が中心となるとみられる。また、ある程度「株式型」クラウドファンディングが進んだ段階では、投資対象企業や事業の情報をネット上で共有するインフラが構築されることも想定される。

このインフラに、各事業者が手がける募集前の情報や案件ごとの進捗状況情報などが共有化されていけば、バーチャルなクラウドファンディング取引所ができあがる可能性もある。

a　ネット上でリスクマネーを集める仕組み

順調に拡大していけば、本来のリスクマネー供給の場である証券発行市場にも影響が及ぶだろう。その影響については次の点が考えられる。

① 潜在的な投資家需要の発掘

クラウドファンディングの中心となるコンセプトは共感を呼ぶということだが、「株式投資型」によってその共感が投資ニーズにつながっていけば、潜在的な個人投資家層が拡大する可能性がある。

② ファイナンスにおけるインターネット利用拡大

現在の発行市場は、証券会社が引き受けて、対面で新株や社債などを勧誘することが前提になっている。しかし、ネット上で株式投資ニーズを集めるクラウドファンディング的投資ニーズの把握が進めば、証券会社における新株などの販売方法も変わってくる可能性がある。

③ 規制緩和の進展

ネット上の公募ファイナンスというスキームの出現のためには、ネット上でのロードショー（投資家向け説明会）の解禁や公募ファイナンスの勧誘に係る広告規制・開示規制などの緩和が期待される。以上のことは、市場事業者のコストを下げるだけではなく、企業や投資家の発行市場でのコストを下げることも期待できる。

b　IT活用・IT投資の動向

ＩＴ投資は、取引量・口座数の急増や取引データの解析、企業情報の提供、携帯端末を含むサービスチャネルの多様化と情報セキュリティの徹底を図るために、継続的に行うことが不可欠である。ＩＴ投資が効率的に行われれば、他社に対して優位な市場を獲得できるが、投資額が多額になるため、システム投資に見合った効果が得られないと、固定費が収益を大きく圧迫することになる。

c　経営高度化（BPR・アウトソーシング等）

店舗をもたずにインターネットを介してクラウドファンディングの運営を行うという業態の特性もあり、多大なシステム開発・維持コストを平準化するために、システムの共同開発といったBPR（ビジネスプロセス・リエンジニアリング）やプラットフォームのアウトソーシング等が行われている。

d　競合状況

これはマーケットシェア獲得競争と位置づけることができる。今後、業者数の増加につれて差別化がむずかしくなれば、競争要因はサービスや価格が中心となる。コンテンツを充実させるため、新たなサービスを開発して特許を取得しても、類似サービスを提供する競合他社が出現する可能性は高い。また、手数料の引下げ等で収益性が低下した場合、スケールメリットの獲得による経営合理化を目指すM&Aや経営統合が起こる可能性もある。

e　新規参入（外資等）

外資による直接参入は2015年末時点では行われていない。また、出資関係を含む連携は行われているものの、合併等に至る経営統合も同様である。

f　業界の将来性

知名度アップにより、業界の拡大が続くと思われるが、業者数も「雨後の筍」のごとく現れ、手数料の引下げ競争が進む可能性がある。「差別化」が図れない業者は淘汰されていくに違いない。今後は、「大規模なプレーヤー（オールラウンド型）」と「ニッチプレーヤー（専門・地域特化型）」に二極化されるだろう。

2 業務内容・特性

(1) 全　体

クラウドファンディングは、社会的事業や行為にネット上で不特定多数から資金を募り、それを支援するために「寄付する」というのがその原型である。つまり、その対象となる事業や行為がＳＮＳなどで多くの人々に伝わり、共感した人々が小口の資金を提供（寄付）する。このこと自体は寄付行為なので、仲介・運営する者に対して業法上の規制はない。金銭的な見返りを求めない「購入型」もほぼ同様である。

ただし、金銭的な見返りを求める「金融型」、たとえば「ファンド型」では、対象となる事業や行為の成果に応じて資金提供者に金銭的な見返りが期待でき、お金を出してなんらかの利益を期待する集団投資スキームとなり、ファンドを組成する必要がある。したがってクラウドファンディングを行う事業者は、自らがファンド組成とネット上でのファンド販売にかかわるので、第二種金融商品取引業の登録が必要となる。つまり、このファンド型クラウドファンディングは、ネット上で小口のファンドを集めていることになる。

この場合のファンドは、金融商品に投資するファンドとは異なり、事業ファンドとなるので500名未満の保有なら私募扱いとなっている。第1章でも述べたが、以下、クラウドファンディングの各類型につき、少し角度を変えて説明したい。

(2)「寄付型」

寄付型のクラウドファンディングは、寄付を集めて個人やNPO法人などに資金を提供することを目的にしている。日本における寄付型のクラウドファンディング最大手は、ジャストギビングジャパン(JustGiving Japan)(2015年1月21日、ジャストギビングはジャパンギビングへ名称変更)。その起源は、イギリスで01年に設立されたJustGivingで、いままでは世界中で延べ1200万人が利用、980億円(約7億ポンド)の寄付を集めている。

日本では、2010年3月にジャストギビングジャパンが開設され、累計の寄付総額は10億円を突破している。名称変更したジャパンギビングがユニークなのは、支援団体が寄付を呼びかけるのではなく、「チャレンジャー」が、自らが応援する支援団体を指定して、友人や知人に対して寄付をお願いするやり方をとっている点である。チャレンジャーは、たとえば「マラソンの完走」などの課題を自分に課すことを宣言し、そのチャレンジに共感した人が寄付というかたちでチャレンジャーを応援する。寄付金は、チャレンジャーに渡ることなく、直接支援先に渡される。東日本大震災では、著名人もチャレンジャーとなって、被災地で活動するNPO法人への寄付金を集めた。

(3)「購入型」

購入型のクラウドファンディングは、対象がたとえば映画製作のプロジェクトであれば資金提供者は鑑賞券を、モノづくりであれば製作されたものを対価として得られる仕組みである。そのものの価値によっては寄付に近いともいえるが、提供する資金がなんらかの対価であるという点が寄付型とは異なる。購入型は一般の商取引で、金融商品取引法などの金融規制の対象外となっている。

日本での購入型の代表格は、キャンプファイヤー（CAMPFIRE）とレディフォー（READYFOR）のウェブサイトである。

キャンプファイヤーは、「クリエイティブな活動」をするクリエイターが制作するものや企画を中心に、資金提供者に思いやストーリーを訴え、資金調達を実現する点にある。2011年6月の開始から15年12月末までに約4・3億円以上の資金を調達した。

一方、レディフォーは2011年3月の開始以来、15年12月末までに約6億円以上の資金調達を実現してきた。コンセプトは、「社会をよりよくする活動」を支援すること。社会貢献的な色彩が強いのがキャンプファイヤーとは異なる点である。

(4) 金融「貸付型」

貸付型は、これまで金融機関や貸金業者が担ってきた個人や法人へのミドルリスクの貸付の原資を投資家から募り、そのリターンを金融機関や貸金業者などよりも高い金利で返す仕組みとなっている。クラウドファンディングの運営業者は、匿名組合など集団投資スキームによって投資家から資金を調達し、資金需要者に対して貸し付ける。

集団投資スキームの自己募集には第二種金融商品取引業の登録が必要で、資金を貸し付けるために貸金業の登録が必要である。ただし、投資家と借り手との間に交流がなく、投資家は借り手への共感や参加といった意識ではなく、投資リターンを得る目的で資金を提供しているのが日本の現状である。

2009年12月に創業し、個人向け無担保ローンを中心に拡大してきたアクシュ（AQUSH）は貸付型のクラウドファンディング業者の1つである。14年の貸出金総額は約12億円強、平均投資利回りは5・5%となっている。

(5) 金融「ファンド型」

ファンド（投資）型のクラウドファンディングとは、クラウドファンディングの運営業者が第二種金融商品取引業登録を行い、集団投資スキームの媒介を行うものである。リターンは、プロジェクトの成果に基づいて金銭によって投資家に支払われる。

2000年に創業したミュージックセキュリティーズは、個人投資家と事業者の間での匿名組合契約締結をインターネット上で仲介している。具体的には、音楽アーティストはCD1アルバム単位、日本酒なら1銘柄単位といったプロジェクトごとにファンドを設立し、投資資金を募集する。

1ファンド当りの調達額は、事業規模によって1000万～1億円程度と幅がある。2014年12月末時点で30分野、約100の事業者、資金調達総額46億円だったミュージックセキュリティーズのクラウドファンディング事業は、16年4月26日時点のホームページによれば、募集総額61億円、事業者数336社、ファンド数513本に成長している。投資家は、投資利益の追求というより、投資先の事業への共感や応援といった動機で投資しており、このあたりは、購入型のクラウドファンディングの資金提供者に近いが、そのプロジェクトがうまくいけば、投資家は分配金（金銭的見返り）を得られる点が異なっている。

【ファンド型の事業の流れ】

① **事業もしくは企業の募集**

事業者のクラウドファンディングプラットフォームで募集するのが基本だが、最近は事業者が地方公共団体や地域金融機関と組んで、企業向け説明会などを実施するケースが出始めている。

② **事業内容および企業の精査**

事業者は持ち込まれた案件に対して審査を行うが、現状では特に事業者間で共通の審査ルールがあるわけではない。事業および企業内容の精査とともに、その内容が一般個人の共感を呼ぶことが可能かどうかが重点項目である。

③　**事業内容および企業に関するコンテンツの作成**

プラットフォームで公表するために事業内容および企業に関するコンテンツを作成するが、事業計画やそれに基づいた利益還元計画・企業の財務情報などを公表する場合が多い。

④　**ファンドの組成**

ＧＫ－ＴＫスキーム（合同会社＋匿名組合出資）が使われているが、対象となる事業に投資するための合同会社を設立し、これに対して一般個人が匿名組合に出資するファンド・スキームとなる。これは、ファンドが多くても数千万円の少額であることが想定されるので、設立・維持コストも最も安い方法が用いられている。

なお、ファンド組成にあたっては、企業と合同会社間で契約が結ばれるが、投資の終了方法や利益還元に関する契約内容も定められており、この実務はプラットフォームを運営する事業者が行う。

⑤　**ファンドの募集**

基本的にはプラットフォームで行うことになるが、企業関係者や事業者などがＳＮＳを利用して口コミでの情報拡散をねらうケースも多い。また、最近は一般個人のクラウドファンディングに対する関心も高まってきたので、事業者側が無料のメール会員を集めて、定期的に情報を広める手段としてこれを利用することも行われている。事業者が地方公共団体と組んでいる場合などでは、地元のコミケなどパブリシティを利用するケースもある。

なお、一般個人の応募にあたっては、私募ファンドの勧誘行為となるため、事業内容や投資リスクなどが記載された契約締結前・契約時の書面交付が義務化されている。また、ファンドに関しては一定額以上でなければ組成・運用コスト回収が見込めないので、投資ニーズ額が一定額に達しない場合、募集を取りやめる場合が多い。

⑥ 募集後の定期的な情報提供

対象となる事業の終了までの間に、投資者への定期的な報告は必要だが、現状は事業者のプラットフォームでの情報提供やメールなどで投資者に伝えられている。

(6) 金融「株式型」

株式型クラウドファンディングは、インターネットを通じて「だれでも」「未公開企業に」「エクイティの形態で」投資することができる枠組みである。

2014年5月に成立し、15年5月に施行された改正金商法では、1人当りの投資額が50万円以下（調達の総額は1億円未満まで）とされているが、株式型が解禁された。ただし、投資家保護のためのルールとして「ネットを通じた適切な情報提供」や「ベンチャー企業の事業内容のチェック」が事業者に義務づけられている。また、クラウドファンディング業者については、株式で募集する者は第一種、ファンドでは第二種の金融商品取引業登録がそれぞれ必要だが、参入要件を緩和するため、専業者に関しては最低資本金規制を引き下げている（第一種：1000万円、第二種：500万円）

一方、消費者委員会（内閣府）からは、クラウドファンディング制度整備に伴う規制緩和について、投資家保護のために以下のような措置を求める意見が出されている。

・詐欺的行為や反社会的勢力に利用されないよう、事業者の参入要件を定める。
・少額要件（1人50万円以下の投資、総額1億円未満）を実質的に逸脱しないような要件設定を工夫する。
・資金調達者には正確な情報提供に関する責任を、事業者には情報の正確性を担保する責任を明確にする。

・投資家が、投資の意義・流動性リスク・デフォルトリスクなどを理解したうえで投資しているか、事業者が確認する。
・電話や訪問による不招請勧誘は禁止する。
以上のように、株式型クラウドファンディングにとって、投資者保護は重要だが、投資者保護を厚くした結果、コストがあわずにだれもサービス提供者として手をあげない、というジレンマがある。

クラウドファンディング運営者が事業を行う場合の報酬体系としては、資金需要者に対して調達金額に応じて課金するかたちが一般的だ。たとえば調達金額の20％を手数料としてとることとした場合、これをビジネスとして成立させるためには（すなわち売上げから規制対応に必要なさまざまなコストを差し引いた額がプラスとなるためには）、どのような運営体制をとるべきか？

改正金商法の施行に伴い、株式型は２０１５年から実施されているが、16年以降当初は収益性と将来性にかんがみて、どれほどの業者が参画していくのか注目される。

3 運営者の事業分析

(1) ポイント

① 報酬体系

寄付型・購入型では報酬の額や体系は自由化されているため、当事者の合意によって取り決められるが、一般的には成約報酬の1本建ての構成となっている。クラウドファンディング業者はプラットフィーム上でプロジェクト案件の的確な情報提供を行い、プロジェクト実行者（資金調達者）・プロジェクト支援者（資金提供者）の双方の要望を満たしたディールを成立させて仲介手数料を得る。そのためには高度かつ適切な専門性とプラットフォーム運営力が必要とされる。

② 経営・情報収集力

事業者の設立背景や現在の資本系列を確認する。「プロジェクト案件情報」の収集能力があるか。他社との連携等、情報ネットワークを有しているか。

③　得意分野

どのようなセグメント・分野をターゲットとしているかを確認する。

④　従業員の養成

優秀なキュレーター（プロジェクトコンサルタント）を養成しているか。社内に業界や分野のスペシャリストが育っているか。

⑤　財　務

案件ごとのビジネスモデルであるため、案件成約が続かない限り、キャッシュフロー（CF）は生まれない。不首尾のときの手元流動性・借入余力があるか。

⑥　IT投資

プラットフォーム運営管理上、セキュリティ対策面を中心にシステム化投資の状況を確認する。

⑦　過去のプロジェクト案件成約実績

過去の成果はどうであったか。マーケットやユーザーの評価はどうか。

(2) 事業および収益概要

事業者は、クラウドファンディングプラットフォームの要であり、資金募集者を集めて、資金提供者から資本を提供してもらう。事業者の主な利益は募集者への資本提供が成立した際の仲介手数料である。アメリカでは5％程度、日本では20％程度が手数料として設定されていることが多い。調達金額が増えれば増えるほど、売上げは増加する。

a 運営資金

成立した際に成功報酬が発生するという形態であるが、案件ごとの運転資金需要はさほど大きくない。資金提供者に的確な情報提供を行い、資金の取り手・出し手の双方の要望を満たしたディールを成立させるには高度な専門性が必要とされ、人件費率が高く、固定費の割合が高いため、成約がなければCFも生まれない業種である。

また、プラットフォームの使い勝手向上のためのセキュリティ対策を含めたシステム投資も信頼度をアップするために必要である。案件獲得やクロージングの時期のズレ込みにより、資金計画が予定どおりにいかない場合に耐えられるだけの手元流動性があるか、または借入余力があるかをチェックする。

b　財務諸表の見方

① 安全性

大手企業を母体とする事業者では、自己資本比率は総じて高い傾向にあると思われるが、大半は独立系中小事業者のため、自己資本比率はあまり高くないものと思われる。

② 収益性

手数料が20％程度と高い報酬体系だが、1件当りの成約額が小規模のため、まだ収益性は高いとはいえない。

③ 成長性

クラウドファンディングの知名度は年々上がって利用者も拡大傾向にあり、事業規模は今後飛躍的に増大しよう。

④ 人的経営資源

キュレーター（プロジェクトコンサルタント）の資質が優位性の源泉であるため、人材確保の手段や処遇についてチェックする必要がある。

⑤　コンプライアンス

資金提供者の信頼を得るため、監査基準への取組みに対してチェックする必要がある。

C　キャッシュフロー分析

①　特　徴

安定的な売上げや収益源が存在せず、プロジェクトの取扱高等が減少すれば収益減に直結するという特徴がある。一方で、費用の大半を減価償却費、人件費等の固定費が占めるため、売上げの維持が重要な課題となる。

(i)　固定費……システム投資、人件費、事務所維持費（賃料等）が大半である。
(ii)　変動費……取引関係費（事務・通信費等）を除き、ほとんど発生しない。

②　チェック

法令により厳密な管理が要請されているが、実際、それがきちんと行われているか、顧客からの預り資産と自社資産の分別管理は、顧客資産の保護ならびに経営の安定の観点からきわめて重要である。

(3) (金融機関からみた) 取引推進上のポイント

a クラウドファンディング運営者におけるプロジェクト案件の支援

まずは業務推進の支援である。クラウドファンディングの知名度はまだ低いため、出資候補者への宣伝やプロジェクト実施者(案件)の紹介・あっせん等を行うことが有効である。その際に注意すべき点は、運営者によって得意とする扱い分野(ビジネス、芸術、社会活動等)が異なることもあるということである。また、資金調達者のプロジェクト実施能力や詐欺の危険性等も適切に管理しているかのチェックが重要である。

b 新規クラウドファンディング運営者との取引

資本構成など仲介業者の存立基盤を確認する。独立系については、経営者・経営チームの資質、得意分野、過去の実績、資本・提携関係、情報収集力、システム管理力などを十分調査のうえ、以下のポイントを押さえてサイトを充実させ、仲介事業を成長させる能力があるかを見極めたい。

【運営者成功のポイント】

・プロジェクト実行者（資本募集者側）……多くの人がみて、応援してくれる可能性が高いサイトか

・プロジェクト支援者（資本提供者側）……応援したい、おもしろいファンドがサイト内にたくさんあるか

・プロジェクト実行者（資本募集者）側に求められる下記要素を指導できるか

① 事業として将来性があること

② 人・企業・組織として信頼できること

③ 資本提供者に強く訴求できるストーリーをもっていること

4 業界（関連）団体

クラウドファンディングの制度化に伴い、規制緩和と投資者保護のバランスが課題としてあり、以下、２つの自主規制機関による適切な自主規制機能等が重要となる。

(1) 日本証券業協会（http://www.jsda.or.jp/）

① 金融商品取引法上の唯一の認可自主規制機関

第一種金融商品取引業は、日本証券業協会の自主規制の対象になる（第二種金融商品取引業の自主規制機関は、第二種金融商品取引業協会）。

② 事業内容

自主規制ルールの制定・実施をはじめ、外務員資格試験・資格更新研修の実施および登録、証券取引の苦情・相談、あっせんなど。その目的を「協会員の行う有価証券の売買その他の取引等を公正かつ円滑ならしめ、金融商品取引業の健全な発展を図り、もって投資者の保護に資すること」としている。

③ その他

株式投資型クラウドファンディングの「自主規制」概要や、「株主コミュニティ」の取扱いを公表している。

(2) 日本クラウドファンディング協会 (http://safe-crowdfunding.jp/)

a 設立の背景

① 昨今、ネットサービスの普及により、投資などの行為を行う障壁が下がる事象が発生していること。

② クラウドファンディングサービスを展開する運営者が増えてきているが、まだ明確な運用基準や指針などが策定されていないため、さまざまな課題が発生する懸念が広がっていること。

③ このような懸念を抱えたままでは、クラウドファンディング市場の発展に影を落とすという意識からクラウドファンディング市場・業界を安心、安全に発展させるために当協会が発足した。

b 協会所属企業 (2016年1月末現在)

・日本クラウド証券株式会社
・READYFOR株式会社

図表４－２　日本クラウドファンディング協会の活動概況

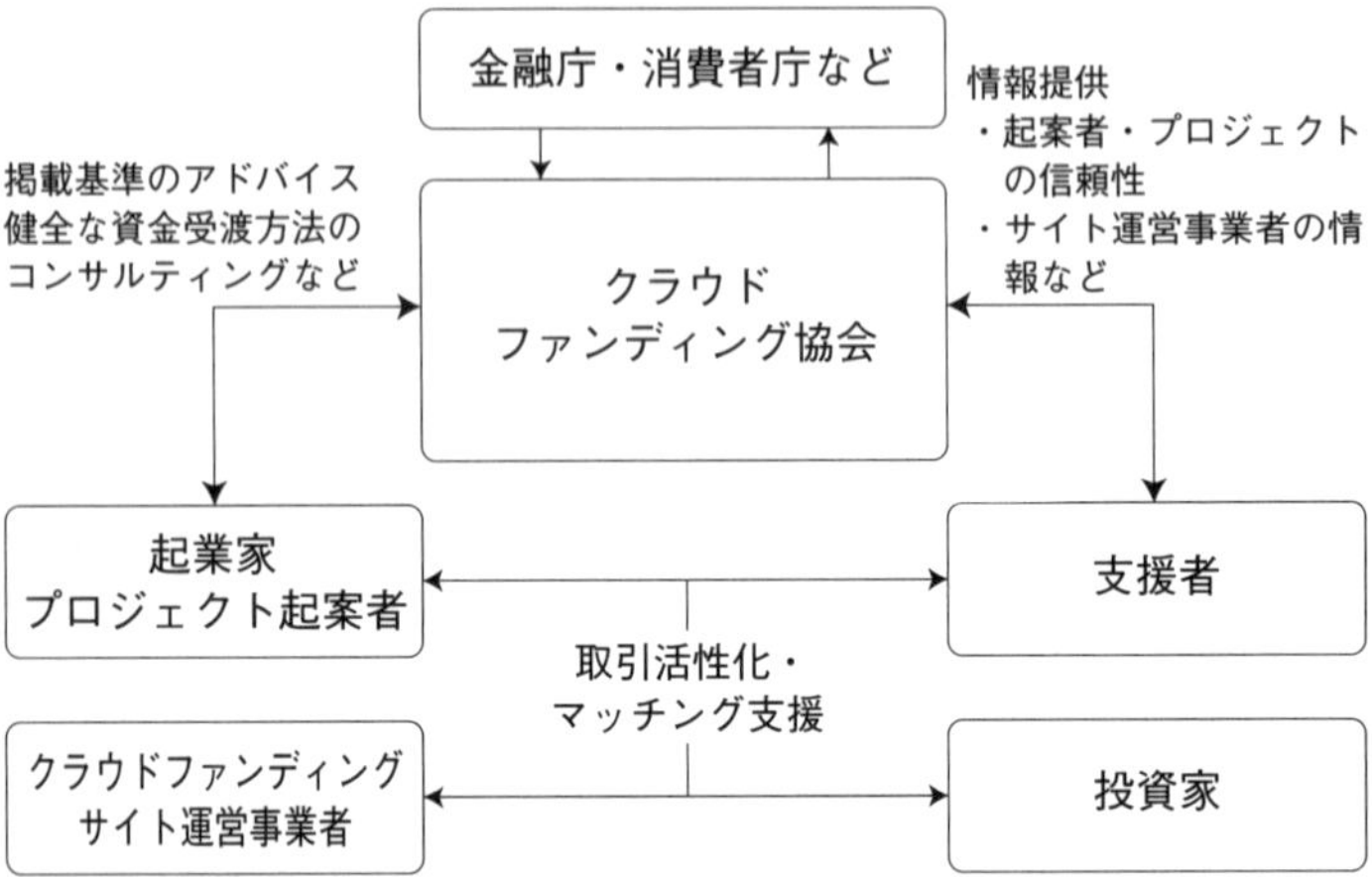

（出所）　日本クラウドファンディング協会ホームページ

・株式会社サイバーエージェント・クラウドファンディング
・一般財団法人ジャパンギビング
・株式会社ワンモア
・クラウドクレジット株式会社
・株式会社サーチフィールド
・グーパ株式会社
・株式会社ｅｎｍｏｎｏ
・株式会社ボーンレックス
・ｍａｎｅｏ株式会社
・イー・ガーディアン株式会社
・ランクラウド株式会社（協会メンバー）
・増島雅和弁護士（森・濱田松本法律事務所）

c　協会の活動内容

具体的には、図表4－2のとおりである。

d　購入型クラウドファンディングプラットホーム運用基準ガイドライン（2015年11月制定）

①　本ガイドラインと本協会参加各社の運用基準との関係

本ガイドラインは、本協会参加各社から寄せられた様々な意見をもとに、購入型クラウドファンディングプラットフォームに関係する者の標準の指針として定めたものであるが、本協会参加各社の運用基準を直接コントロールするものではない。

②　購入型クラウドファンディングプラットフォームの定義

実現したいアイデアを持つ者が、必要な資金を集める事ができるツールを提供するサイトであり、完成した物、コンテンツ、チケット、付随グッズや特別な体験券などを提供することを約束することでアイデアの実現に必要な資金を集める仕組みである。

③　プロジェクトの**掲載可否審査**について

プラットフォームはリターンの実現可能性の合理的な審査、資金募集者の身分確認、実行内容に必要な免許や権利の有無の確認を実施する。

④ **資金の管理方法**について

資金募集者へ支払うべき資金の分別管理を徹底し、資金募集者への支払いの遅延を防ぐ運用を実施する。

⑤ **リターンの提供状況の管理・監督**について

資金募集者に対するリターン提供状況の定期的確認を実施し、実行が遅延する可能性がある場合はただちにその旨を資金提供者に報告するようプラットフォーム側からも促す。

⑥ **反社会的勢力・資金洗浄の排除**について

反社会的勢力や公序良俗に反する団体の利用、もしくは資金洗浄、その他のプロジェクトの悪用を排除するべく事前の確認に努める。

第5章

クラウドファンディングと地域創生

本章のポイント

地域創生におけるクラウドファンディングの活用と、地域金融機関との業務シナジーについて説明する。

地域創生という観点では、地域の小規模な事業者の活性化・再生が重要な課題である。そこでは、クラウドファンディングが重要な役割を果たしうるべきであろう。なかでも**クラウドファンディングによる資金調達が、従来の金融機関からの融資資金の調達を促す**という効果をもたらす可能性があることに注目すべきである。このことは裏返せば、**クラウドファンディングと従来の金融チャネルが共存することでシナジーを高める側面がある**といえよう。

地域投資／コミュニティ・プラットフォームという方向性は、クラウドファンディング市場の拡大にとって重要なテーマになっている。近年、「地域（顔がみえる）投資（Locavesting）」という用語が登場している。この用語がクラウドファンディングとともに語られ、クラウドファンディングが地域の投資を拡大させる点が注目されている。さらに、地域での資金調達は、事業者と投資家の信頼関係を強化し、地域活性化に資することが期待される。

本章ではまず、1および2で地方および地域金融機関の課題を確認した後、3で地域型クラウドファンディングの状況をみることにする。続く4で変革を迫られる地域金融機関、5で地域創生における金融のあり方について展望を述べることとする。

1 地域創生の課題

政府は、地域経済の疲弊に対する危機感を背景に、急速に進む人口減少に歯止めをかけ、経済を再生することを目指し、2014年12月に「**まち・ひと・しごと創生総合戦略**」を閣議決定した。同戦略における中心的な課題認識は「人口減少問題」にあるが、地域の産業、それを支える中小企業の活性化なしにこの問題を解決することは不可能である。

こうした現状をふまえて、同戦略では「産業・金融一体となった総合支援体制の整備」等、地域金融機関の協働を要する政策も謳われている。

地域経済においては、人口減少による経済規模の縮小や労働供給制約に加えて、以下のような課題も成長を阻害する要因と考えられる。

① 地域企業の大部分を占める中小企業において、新陳代謝が不活発なことによる労働生産性ならびに賃金水準の高い企業への事業と雇用の集約化が遅延していること

加えて、超低金利政策による競争力を失った企業の温存や借り手側の規律の緩みが起こっているとの弊害がある。

② 地場産業・農水産品・観光資源等、地域の強みなどを生かした付加価値の高い事業・産業の創出力が不足していること

③ 少子高齢化、人口減少の進行下、コンパクトシティ化（公共施設や生活関連施設の集約）が遅れていること

社会インフラの維持管理の効率化が進まないまま、老朽化への対応が迫られており、今後、そのコストは地方財政を圧迫していく。こうしたなかで、ＰＰＰ（Public Private Partnership）やＰＦＩ（Private Finance Initiative）のより積極的な活用が重視されている

ものの、自治体、金融機関における体制整備はまだ十分ではないといえる。

④　課題の解決を主導する人材の不足

地方創生には息の長い取組みが必要であるが、地域の改革と発展を担うリーダーを継続的に確保、輩出する環境が整備されていない。また、持続的成長は、企業による新技術の開発や新分野への参入等の積極的なリスクテイクとそれを支える金融が相まってこそ実現する。しかしスタートアップ企業を中心に、事業活動に必要な**金融リテラシー**を有している人材を抱える企業は必ずしも多くなく、金融リテラシーの底上げが課題である。

⑤　地域の経済活動の広域化・グローバル化しつつあるなかでの地域金融機関の対応不足

昨今の地域金融機関の連携・統合の動きは、企業等の新たなニーズに対応していく意味で必然的な流れである。なお、都道府県単位の限られた地域を拠点に、貸出金の増加を目標に置く経営目標については、もはや成り立たなくなっている。

2 地域金融機関の課題

本章1でみたように、日本では少子高齢化の加速化や若年層の首都圏への流出、また価値観の変化やユビキタス社会の浸透といった変化が起こっている。そのようななかで、他業種に比べ安定しているイメージのある地域金融機関のあり方が問われている。以下、その課題についてみてみたい。

(1) 地方の生産年齢人口の減少

a 人口減少地域の拡大

日本では、少子高齢化や若者が職を求めて首都圏へ転出するなどの動きが目立っており、地方における生産年齢人口の減少に歯止めがかからない状況となっている。

2014年10月1日現在の人口推計（総務省統計局）によると、全国47都道府県のうち40道府県の人口が1年前と比べて減少しており、そのなかでも減少率の大きいのが秋田の

1・26%と、青森の1・08%で、前年と比べて1%を超えている。その一方で、増加率が大きいのが東京（0・68%）や埼玉（0・23%）、神奈川（0・19%）、愛知（0・17%）など、産業や工業が発展している都市部のほか、出生率が高い沖縄（0・40%）となっている。

b 生産年齢人口減少が地域に及ぼす影響

地方都市へ足を運ぶと、駅前の商店街はシャッターを下ろした店舗が目立ち、平日や休日を問わず街中は年配の方が多く、若い方の姿はほとんど見かけないといっても過言ではない。

高度経済成長期以降の経済発展に伴い、職を求めて首都圏へ転出する動きが加速化したのを皮切りに、地方の人口減少が進み始めた。地方で展開している中小企業にとっては、いちばん購買力がある若者が地元に少なくなったために、売上減少→収益の低下によるサービスの縮小や撤退が起こってきた。また、地方自治体も十分な税金がとれないため、公共サービスの運営にも大きく影響してきている。地方の経営力を支えている地域金融機関にとっても、その影響は今後大きくなるといえよう。

(2) インターネット専業銀行・フィンテックベンチャー企業などの台頭

a インターネット専業銀行設立・異業態からの銀行業参入の活発化

近年、インターネットの普及によるインターネット専業銀行の設立や、セブン銀行やイオン銀行といった異業種からの銀行業参入が相次いでいる。

地方銀行は地元を基盤に経営をしているのに対し、インターネット専業銀行はインターネットによるIT技術を駆使して、従来は窓口で行っていた銀行業務が、インターネットに接続されたパソコンや携帯電話によって、場所や時間を問わず24時間都合のよい時にオンライン上で手続を完結できるため、きわめて利便性が高いのが特徴である。

また、地方銀行や大手行等の実店舗《リアル》の場合、銀行業務を行う際に発生する人件費のほか、建物代や土地代といったコストが発生することから、手数料がどうしても割高となってしまう。一方で、インターネット専業銀行ではオンライン上で完結するため、人件費がさほどかからないうえ、実店舗も本社ビルを除いてはほとんどなく、建物や土地にかかる諸費用も発生しないことから、各種手数料が割安もしくは無料となっているなど、消費者は実店舗に比べて大変有利に利用できる。

インターネット専業銀行はＩＴを駆使することで、前述の地方銀行のデメリットを網羅的に解消していることが顧客満足度の向上につながっていると考えられる。したがって、異業種による銀行参入により競争力が激化することが予想され、地方銀行にとって脅威となる可能性は引き続き大きい。

b　フィンテックベンチャー企業の台頭

さらに、２０１５年から急速に脚光を浴びるフィンテックベンチャー企業の台頭は無視できない（コラム「クラウドファンディングとフィンテックの衝撃」参照）。

すでに欧米では、既存の伝統的金融機関が、フィンテック革命で登場した斬新な金融サービスにより、経営上の脅威にさらされつつある。これは、決して対岸の火事ではなく、日本でも戦後最大の「フィンテック・ショック」と呼ぶべき現象が起こる可能性があると想定すべきである。

(3) 地方銀行の再編加速

a 地方銀行に求められているものやあり方が変化

以上のように生産年齢人口の減少やインターネット専業銀行・フィンテックベンチャー企業といった異業種からの参入など、時代の変化に伴い、地方銀行に求められているものが大きく変化しているといえる。

生産年齢人口の減少に伴い、収益基盤の乏しい地方銀行は生き残りがむずかしくなり、将来的に経営統合を余儀なくされることは十分に考えられる。また異業種からの参入で、銀行においても競争力が求められる時代となっており、従来の銀行のあり方を変えていく必要があるといえる。

b 時代の変化と地方銀行減少の可能性

こうした現状から、金融庁は地方銀行のあり方として再編をもくろんでいる。

金融審議会報告（注）にあるように、時代の変化に伴い、金融庁の要請をもふまえながら、生き残りをかけて再編が進み、地方銀行の数は将来的には大きく減っていくと考えられる。すでに、神奈川県を地盤とする地銀最大手の横浜銀行ですら、第二地方銀行の東日本銀行と２０１６年４月に経営統合した。

さらには、肥後銀行と鹿児島銀行の経営統合といった具合に、地元トップバンク同士という従来では考えられなかった再編劇も打ち出される時代になってきた。

（注）金融審議会（首相の諮問機関）の作業部会は２０１５年12月16日、金融グループの規制緩和に向けた報告書をまとめた。「フィンテック」と呼ばれる金融サービスの広がりを受け、ＩＴ関連企業などへの出資制限を緩和するほか、地方銀行の再編・統合を念頭にグループ内の銀行間で資金を融通しやすくする措置などを盛り込んだ。これをふまえ、金融庁は16年通常国会に銀行法改正案を提出している。

フィンテックは、スマートフォンや人工知能など最新のＩＴを使った決済や送金などの新しい金融サービス。欧米の金融機関がＩＴ企業の買収などでサービスを拡充する動きが相次いでいる。一方、国内は銀行の一般事業会社への出資を５％（持ち株会社は15％）までとする銀行法の規制が足かせとなっていた。

規制緩和を求める日本の金融界の声を受け、報告書は銀行のサービス向上に資する業務への出資であれば、上限を設けず金融庁が個別に認可する仕組みの導入を要請。３メガバンクなどは、すでに現行規制の範囲内でフィンテックビジネスに乗り出しており、ＩＴ企業をグループ化する動きが加速しそうだ。

一方、同一グループ内の銀行間で資金を融通する際、より低利での融通を認めることも提言した。

またグループ内で重複するシステム管理や資産運用などの業務を集約する際、持ち株会社で同業務を行えるようにすべきだと主張。地銀再編では持ち株会社に各行がぶら下がるかたちが多く、各種制度の見直しにより、地銀間の提携・統合効果を高め、効率的な経営を後押ししたい考えである。

c　他行（他社）との差別化がポイントに

異業種による銀行参入により競争力が問われていくなか、他行（他社）と差別化できる画期的なサービスが展開できるかが、地方銀行にとって非常に重要になってくる。

時代の変化に柔軟に対応し、いままでの銀行にはなかった画期的なサービスを、フィンテックの要素を取り込んで展開することで生き残りをかける必要があるといえよう。

3 地域型クラウドファンディング

(1) 「ふるさと納税」――地方自治体型クラウドファンディング

a ふるさと納税の機能・仕組み

ふるさと納税は〝税金〟というかたちで行う〝寄付〟のことであり、税制度を通じてふるさとへ貢献する仕組みができないか、との思いのもと導入された。制度導入時の2009年度には、3万人が利用し、73億円が寄付された後、東日本大震災を背景にした12年度の一時的増加(74万人、65億円)を経て、14年度には利用者数は13万人、寄付額は142億円となっている。現在、地域創生の切り札として最も注目されている。

b ふるさと納税の意義・特徴

ふるさと納税には、以下のような3つの大きな意義・特徴がある。

① 納税者が寄付先を選択する制度であり、選択するからこそ、その使われ方を考える

きっかけとなる制度であること。それは、税に対する意識が高まり、納税の大切さを自分ごととしてとらえる貴重な機会になりうる。

② 生まれ故郷はもちろん、お世話になった地域に、あるいはこれから応援したい地域へも力になれる制度であること。それは、人を育て、自然を守る、地方の環境を育む支援にもつながる。

③ 自治体が国民に取組みをアピールすることでふるさと納税を呼びかけ、自治体間の競争が進むこと。それは、国民に選んでもらうにふさわしい地域のあり方をあらためて考えるきっかけへとつながる。

c クラウドファンディングとの相違点

ふるさと納税の機能・仕組みについては、寄付型クラウドファンディングと購入型クラウドファンディングに相当する要素が少なくない。ただし、クラウドファンディングとの違いとして、以下の5点があげられる。

すなわち、ふるさと納税は、

① 信用力が担保されている（案件の信頼度を資金提供者が独自に判断する必要がない）。

② 必ず案件は成立する（特に購入型クラウドファンディングでは、目標額が集まらないと案件が成立しないもの（オールオアナッシング方式）が多いのとは対照的である）。

③ 案件の締切がない。

④ 購入するものが明確でない場合がある（特産品として何が送られてくるかわからないケースもある）。

⑤ プラットフォーム業者に手数料を支払う必要がない。

d　ふるさと納税の課題

ふるさと納税の課題としては、次のような点が指摘できる。

① ふるさと納税は一種の寄付であるが、税金として寄付を納める、すなわち、自分の住民税の一部を使うことである。つまり、本来納めるはずだった住民税の一部を、他の市町区村でふるさと納税の制度を行っている地方公共団体に納めるというかたちになる。その点を納税者がきちんと理解して行動しているかが問われることになる。

② ただし、納付したふるさと納税のすべてが住民税控除の金額になるわけではないなど、利用するには詳細を調べてあらかじめ理解しておく必要がある。

③　また、実際には特産品競争が過熱し、本来の趣旨から逸脱した特産品目当ての寄付という実態になっているという批判が高まることや、特産品業者だけが潤うといった偏ったメリットの分配構造にならないかが懸念される。さらにいえば、特産品を提供する地元業者と自治体との癒着を指摘する声もある。

(2)「ふるさと投資」——クラウドファンディングの活用

a　「ふるさと投資」

ふるさと投資は、「地域資源の活用やブランド化など地域活性化に貢献する事業に対する、クラウドファンディングなどの手法を用いた小口投資であり、自治体などの活動と調和が図られているもの」と定義されている。

具体的には、当該地域に愛着や関心をもつ資金提供者が、事業の担い手などの思いに応えて資金提供を行う。投資を受けた事業の担い手は、自治体や地域の金融機関・住民などと連携し、事業を実施している。

地域資源の活用やブランド化など、地域活性化に資する取組みを支えるさまざまな事業に対する活用が期待される。

出資を受けた事業者は利益等が一定水準に達すれば、投資家（資金出資者）に配当を還元し、「ふるさと納税」と同様、事業者が自社製品を投資家に送ること等も想定されている。

b 「ふるさと投資」におけるクラウドファンディングの種類

① 「寄付型」

資金提供者が非営利団体などの事業の担い手へ寄付する形態である。集まった資金は被災地や発展途上国、難病患者の方々などの支援に活用されるケースが多い。

② 「購入型」

資金提供者が個人やNPO法人・企業などの事業の担い手へ投資し、その見返りとしてモノやサービス（地元産品や現地への招待など）を受ける形態である。

集まった資金は、商品開発や事業立上げ、各種イベントの実行など、活用用途はきわめて多様である。

③ 「金融型（貸付型・ファンド型・株式型）」

資金提供者が企業などの事業の担い手に投資し、投資額や調達者の収益に応じて見返りを受け取れる形態である。投資額が比較的大きく、事業の運転資金や設備購入などの資金として活用されることが多い。

c 地域金融機関に期待される役割

① 投資対象企業やプロジェクトの仲介事業者への紹介

プロジェクト（企業等）に対して継続的な関与を行いたいものの、融資を行うことがむずかしい場合などがあげられる。また重視されているのは、全国へのPR効果や、資金提供者がファンとなることによる販路拡大効果である。

② 投資対象企業の事業計画等作成支援

中小ベンチャー企業は売上げ・損益、設備投資などの事業計画策定のノウハウや人的リソースなどが不足がちとなっている。地域金融機関が金融の専門家の立場から、企業の事業計画等の作成支援等を行うことが求められている。

③　投資対象企業のモニタリングを通じた経営助言等

地域金融機関が、多くの企業をみてきた経験をふまえて、モニタリングしつつ、経営について助言・指導を行うことも重要である。

④　クラウドファンディング資金の活用、クラウドファンディングと協調した融資による対象企業やプロジェクトの支援（匿名組合出資の劣後資金扱い）

地域金融機関がクラウドファンディングと協調した融資を行うことで、成長資金の確保や資金繰りがより円滑になる（注）。

（注）　2011年11月、金融庁による金融検査マニュアルの運用が明確化されたことに伴い、一定の条件を満たす匿名組合出資方式の小口投資ファンドも「資本性借入金」とみなすことが可能となり、ファンド型クラウドファンディングの活用や、クラウドファンディングと協調した銀行融資が行いやすくなっている。

(3)　「ふるさとクラウドファンディング」――「FAAVO」

「FAAVO」は、地域を生かすクラウドファンディング（購入型）の事業展開を行っており、個性的で評価できるものである。以下、そのコンセプトを紹介する。

a　地域の「らしさ」をだれもが楽しめる社会をつくる

このコンセプトをもとに展開し、地域を盛り上げるプロジェクトに特化したクラウドファンディングネットワークである。

b　取組みのPRも兼ねる新しい資金調達手法

地域にはPRの部分で特に苦手意識がある人も少なくないが、FAAVOでは取組みのPRを資金調達と一緒に行うことができる。地域では、クラウドファンディングの実際を知る機会が少なく、その不安が地域に住む人々のクラウドファンディング挑戦への大きなハードルとなっていることをふまえ、その支援を行っている。

c　「エリアオーナー制度」

全国各地の地域に根差した団体と提携し、エリアオーナーが現地で起案サポートや資金調達中の改善アドバイス、クラウドファンディングの普及促進を行うことで、だれもが気軽にクラウドファンディングのことを身近な人に問い合わせられるような体制を整えている。

d　行政との連携

ＦＡＡＶＯは「出身地と出身者をつなぐ」をコンセプトに、「地域×クラウドファンディング」（注）を標榜。２０１５年６月の「ＦＡＡＶＯ宮崎」を皮切りに、「ＦＡＡＶＯ新潟」「ＦＡＡＶＯ石川」「ＦＡＡＶＯ京都」など、エリアごとにクラウドファンディングのサイトを立ち上げ、同年12月末現在では11の府県に広がっている。地方自治体と手を取り合ったエリア展開事例になる。内容的には、地域を盛り上げるプロジェクトに特化している。

（注）ＦＡＡＶＯのフェイスブックによると、「あなたの地元の地域活性化プロジェクトに、遠くからでも手軽に支援／応援できる」新しいウェブ参加型地域貢献プラットフォームであるとしている。

4 変革を迫られる地域金融機関

(1) 地域経済活性化のための銀行再編か？

a 地銀再編は加速しているが……

本章2(3)で述べたとおり、地銀再編（第二地方銀行を含む）の動きが活発になってきた。

金融庁が想定している地銀再編は、「ふくおかFG方式」と呼ばれる、広域合併である。持ち株会社ふくおかフィナンシャルグループのもとに、九州最大の地銀である福岡銀行、親和銀行、第二地銀の熊本銀行がぶら下がる。

2014年10月、東京都民銀行と八千代銀行が統合して東京TYフィナンシャルグループが発足。2016年4月に新銀行東京と統合した。2015年10月には肥後銀行（熊本）と鹿児島銀行という両県のトップ地銀が経営統合して九州フィナンシャルグループがスタートした。

加えて、2016年4月には横浜銀行と第二地銀の東日本銀行が統合してコンコルディア・フィナンシャルグループ（FG）が誕生した。四国の香川銀行と徳島銀行の金融持株会社トモニホールディングスは2016年4月、大正銀行（大阪）と統合した。トモニの大阪進出である。

そして常陽銀と足利ホールディングスの合計資産総額は14・9兆円（2015年3月期）。2016年4月に横浜銀行と東日本銀行が統合して誕生したコンコルディアFGの17・4兆円、福岡銀行などを傘下にもつふくおかFGの15・6兆円に次ぐ地銀3位の規模となる。

地方銀行を再編に駆り立てる直接の要因は、これも本章2(1)で述べたとおり、なんといっても人口減少による市場縮小への危機感が第一にあげられる。銀行業には規模の経済が作用する以上、経営統合して規模を拡大すれば当面の生き残り策としては有効だろう。とはいえ、地域の企業や個人からの多様な求めに応じてサービスの質を向上させない限り、地方銀行の業務モデルは持続性あるものとはいえないことは明白である。

b　地方経済活性化で地銀が果たすべき役割

地方経済の活性化という本来の役割を果たすために、地銀は何をなすべきか？　再編の機運が高まってきたいまだからこそ、あらためて考える必要がある。

① 強い経営基盤の早期確立

現在、主流となっている再編方式は、共同持ち株会社のもとに複数の地銀が併存するものである。経営効率を高めるには、人事や経理といった間接部門やシステムの統合を進めることが不可欠だ。傘下の銀行同士の合併にまで踏み込むことができれば、グループの意思決定は迅速になり、経営の一体感も格段に高まるはずである。

② 多様で専門性の高いサービスの提供

産業の新陳代謝が進みにくい地方では、起業の促進がことさら重要となっている。地元ベンチャーへの成長資金の供給は地銀の重要な責務である。不動産などの担保を重視する伝統的な発想から抜け出し、事業の将来性を評価してお金を貸すノウハウの確立が急がれる。コンサルティング会社などの力も積極的に借りるべきだろう。

「ふるさと投資」の項（本章3⑴）で触れたように、**クラウドファンディングを運営する企業との連携を加速**し、スタートアップ、NPO等の資金調達に対する支援を行い、クラウドファンディングの活用を地域で促進させる機能強化も重要である。

また、**フィンテック革命に対応した各種金融サービスの展開**も、生き残りをかけた必須の経営課題となるだろう。

③　個人顧客への資産形成のための多様な金融商品の提供

たとえば横浜銀行は東日本銀行との統合に先立って、三井住友信託銀行と共同で運用会社スカイオーシャン・アセット・マネジメントを設立し、2015年5月から投資信託の販売を行っている。

地銀の経営は従来、自社の経営資源だけに頼る傾向が強かった。しかし、そうした自前主義から脱しない限り（**シェアリングエコノミー**の発想）、地方経済の活性化に役立つ存在であり続けることはむずかしい。ぜひとも**再編を地銀経営の意識改革につなげる**べきである。

(2)　成長資金の供給支援の多様化

今後、地域においても企業の成長段階や事業の特性等に応じて、資金調達ニーズはさらに多様化すると考えられる。「地域ファンド」や「ふるさと投資」の促進が期待される。

(3) 都道府県の枠を超えた地域金融機関の連携・統合の促進

a 多様化する企業や自治体のニーズに応えるために

多様化する企業や自治体のニーズに柔軟に応えていくために、域内はもとより、都道府県の枠にもとらわれることなく、他の地域金融機関との連携・経営統合を推進し、機能の相互補完とその広域展開を実現すべきである。今後は、より多くの都道府県をまたぐ広域の連携・経営統合も考えられよう。

b 資金的支援以外の新たなサービスの提供

同時に、資金的な支援に限らず、市場・産業の動向や地域間で異なる制度等に関する情報の提供、海外を含めたより多様な事業者間でのビジネスマッチング等、新たな地域金融サービスの提供にも取り組むべきである。

c 従来の延長線上では成長を展望できない

人口減少や産業構造の転換が進むなかでは、地域金融機関においても従来の延長線上に成長への展望を描くことはきわめて困難になっている。連携・経営統合の加速化による、より強い地域金融機関の誕生は、期待される機能の発揮と金融システムの安定という観点からも望ましい選択といえる。

(4) 地域金融機関の成長

それでは、地域金融機関は地域経済活性化に向けて、どのようなサポートを行うべきか? それらは**地域の成長ドライバー**(成長の牽引役)のかたちで、地域金融機関の中期経営計画に盛り込まれることが重要である。

具体的には、アグリ関連ビジネスへの取組み、地元企業の営業利益改善支援活動などが代表的である。前者は、農業地域に立地ないしは隣接する地域金融機関が主体となって、アグリ関連産業の広がりに注目して取組みの強化を図るものだ。また業種別専担者・部署による活動としては、医療・福祉分野への取組みを強化する地域金融機関も増えてこよう。

(5) (地域)金融機関は意識改革を!

欧米では、規制が強化される銀行の間隙を縫い、ノンバンクがインターネットを使う金融業務を拡大している。新技術を用いて低価格で、利用者ニーズにあったサービスを提供し、新しい金融革新と評価されている。

これに対して日本では、(リーマンショックで多大な打撃を受けた)欧米に比べれば、当局は概して銀行規制強化には消極的であり、大手銀行は電子商取引ビジネスなどへの出資解禁などを求めている。ただし、IT技術が発達しても送金手数料をあまり引き下げない旧来型銀行の発想では革新は起きない。**新分野を銀行が手がける場合は意識改革が必要に**なる。それが「フィンテック革命」を乗り越えるキーポイントとなる。

(6) 「デジタル」と「アナログ」のアーキテクチャー(設計思想)

クラウドファンディングやフィンテックは消費者にとって真に価値あるもの、世の中を便利で豊かなものにするツールとなることができるだろうか。最も重要な視点はこれである。

日本では、デジタルネイティブであるミレニアル世代が育つ一方、デジタル化とはあまり縁のない世代も厚く存在する。高齢化と単身世帯化が急速に進み、こうした人々は地方ほど増えていき、デジタル化より日常生活での人との接点を求める傾向がある。振り込め詐欺が減らないのは、デジタル化に取り残された人々への社会的な配慮の欠如も一因だろう。

社会のデジタル化が進んでも、通帳と印鑑をもって銀行の支店で記帳したり、公共料金を払ったりするニーズはなくなりそうもない。振り込め詐欺をおそれて、簡単にはお金を引き出せない「不便な銀行」を希望する声も少なくない。サイバー攻撃や個人情報の漏えいなど、さまざまな金融犯罪をあまり心配する必要がないからだ。また、膨大なログオンＩＤやパスワード、クレジットカード、デビットカードなどを管理する必要もない。

金融機関はデジタル化こそがイノベーションだ、フィンテックだと考える傾向があるようだが、逆に顧客にも温かみのある「アナログ」な接点を求めている消費者への配慮はまだ無視できない。

金融機関における有人店舗の削減や店舗の規模縮小やデジタルチャネルへの誘導の検討

は必要だ。だが、アナログ嗜好の顧客に対しては、デジタルチャネルではなく、コンビニエンスストアや宅配サービスに金融サービスの一部分を外部委託することなどの対応を図ることは既存金融機関の存在価値につながるといえる。

以上のように金融機関はフィンテックプレーヤーの斬新にみえる技術に翻弄されずに、顧客の真のニーズに向き合い、デジタル化だけにとらわれないアナログへの対応を含めたサービスモデルを追求すべきではないだろうか。

そして、自社だけでの活用にとどまるのでなく、どうやって複数の事業者を巻き込み、消費者にメリットや利便性を提供できるのか。ここが生き残るために重要な要素になるのだ。

5 地域創生における金融のあり方

(1) 地域活性化における金融面の役割

a 地域金融機関による地域企業の成長支援

地域活性化を実現するためには、地域企業を成長させることが重要な要素となる。しかし地域企業のなかには、企業の構造的な要因により収益性・生産性に課題を抱えている企業や、成長資金が不足しているところも少なくない。

そこで資金供給機能のみならず、リスク変換機能や豊富な情報およびネットワークも有する金融サービス業が、経営課題の解決策を提供することで企業の成長を支援し、成長資金を供給していくことが期待されている。

特に地域企業を熟知し、コンサルティング等においてきめ細かい支援を行いうる地域金融機関には大きな期待が寄せられている。たとえば、返済能力の高い企業を中心に融資するのではなく、事業性を重視した融資の展開や、積極的にコンサルティングを施して成長企業に育てていく努力が求められている。

また地域金融機関には、成長分野の育成や産業集積による高付加価値化等、地域の面的再生を意識した取組みも求められており、地域全体の活性化と同時に、顧客企業の事業拡大や経営改善を図っていくという視点も重要である。

b 民間金融機関の機能補完やエクイティ性資金の提供

一方、民間金融機関が支援しにくい領域や、中長期的な成長のために必要なエクイティ性の資金提供においては、政府系金融機関が民間金融機関の機能を補完する重要な役割を果たしている。また、中小企業に対する公的部門からの金融面でのかかわりとしては、地方自治体による企業の成長に寄与することを目的とした制度融資も一定の効果を果たしていると考えられる。しかし、制度融資の利便性は必ずしも高いとはいえないため、その問題を克服すべく、後述のような制度（(2)大阪府の取組み）も開発されている。

インターネットを通じて不特定多数の資金提供者から資金を集めるクラウドファンディングは、起業、新規事業展開、零細・中小企業向けの資金供給ができることから、企業支援策として地方自治体等で注目されてきた。政府は、クラウドファンディングのさらなる普及・推進を図るため「ふるさと投資」連絡会議を創設した。本章3(2)で述べたように、「ふるさと投資」とは地域資源の活用やブランド化など、地域活性化に資する取組みを支えるさまざまな事業に対するクラウドファンディング等の手法を用いた小口投資である。

出資を受けた事業者は、利益等が一定水準に達すれば、投資家に配当を還元し、「ふるさと納税」と同様、事業者が自社製品を投資家に送ること等も想定されている。

c　実践的な取組みが求められる地域金融機関

以上のように、現在では間接金融・直接金融両部門の各種手段を総動員して地域活性化が図られており、各機関の具体的な取組内容は、ウェブサイトやディスクロージャー誌等で詳しく知ることができる。また、地域金融機関の先駆的な取組みは各財務局によって顕彰され、取組内容等は参考事例集として金融庁のウェブサイトを通じて公表されているほか、財務局は先駆的な取組内容を紹介し合うシンポジウムを開催し、優れた実践の認知・共有化が図られている。地域金融機関が地域特性をふまえつつも、各種成功事例を参考にして、実践的な取組みを積極的に行うことを期待したい。

(2) クラウドファンディング活用サポート事業（大阪府の取組み）

a 基本的概要

① 大阪府の機能・役割

大阪府は、中小企業等のビジネス支援のためにクラウドファンディングの利用を促進している。具体的には、府が主催者となって、大阪セキュリティーズ株式会社、株式会社きびもくの2社に事業委託を行い、クラウドファンディングの普及啓発活動を展開しており、金融機関・市町村・商工会議所等とも連携しながら、有望なプロジェクトを発掘し、クラウドファンディングウェブサイトへの掲載につなげるために企画案や事業計画の策定のサポートを行っている。

② クラウドファンディングの機能・役割

クラウドファンディングでは、こうしたサイトに掲載された資金需要者の企画案をもとに資金提供の判断が行われるので、サイトに掲載されることが資金調達に向けての重要なカギとなる。なお、大阪府はあくまで掲載までのサポートを行うものであって、府がプロジェクトの有望さをサイト事業者や消費者に保証するわけではない。

クラウドファンディングは寄付型、購入型および金融型に大別されるが、大阪府が普及啓発を行っているのはビジネスに向いている金融型と購入型である。

③　商工会議所等の機能・役割

商工会議所等がクラウドファンディング普及に向けてセミナーを開催する際の費用に関しては、大阪府の小規模事業経営支援事業費補助金の地域活性化事業（府施策連携事業）を活用し、開催主体の負担を軽減している。そうした取組みの成果もあって、クラウドファンディングウェブサイトに掲載されたプロジェクトには商工会議所等の協力のものも多い。

④　金融機関の機能・役割

金融機関の取引先がクラウドファンディングに興味をもった場合、金融機関がサイト事業者に取り次ぐ、またはクラウドファンディング活用サポート事業を委託されている2社に取り次ぐといった、金融機関との連携にも力を入れている。現在は大阪府が企画して同事業を行っているが、今後は民間中心でクラウドファンディングの活用サポートを続けていけるように、商工会議所や金融機関とサイト事業者や前掲2社との連携づくりがすでに行われている。この点にも、大阪府の先見性・積極性が表れている。

b　出資状況

地域別の出資分布をみると、日本全体から大阪の中小企業のプロジェクトへの投資が実現していることがわかる。従来であれば、地域企業に対しては当該地域内から資金が供給される場合が多かったことを考えると、**クラウドファンディングの地域活性化ツールとしての可能性**を示唆している。

なお、金融型の場合には、ともすれば利益のみを重視した資金提供がされるのではないかとの指摘がある。しかし現時点での例をみる限り、資金提供の動機が「利益」や「特典」であるのはむしろ少数派であり、デザイン性・ストーリー性など支援者の共感を呼び起こすことが重要視されていることは、そうした懸念を払拭する流れであるといえる。

(3)　金融面からの地域活性化のヒント

a　ABLの普及促進

今日でも、金融機関にとって業務の中核である融資に関しては、当該地域における成長分野への融資が積極的に行われることが重要である。また、地域資源を活用した地域活性化のために、たとえば農林畜水産物を担保にしたＡＢＬ（Asset Based Lending：動産・売掛金担保融資）等も有効であろう。

しかしながらＡＢＬは、評価・モニタリングがむずかしく、外部機関を利用すると借り手のコスト高につながる等の理由から、現在のところは利用の急速な普及には至っていない。動産評価を行いやすくする方策等が望まれる。

b　非財務情報の評価――環境格付融資など

環境格付融資（環境に配慮した「経営の評価」と格付に応じた「優遇金利融資」）のように、企業の**非財務情報**を評価に取り込む必要性は大きい。一方、乗り越えるべき課題が多い案件に対し、企業が積極的に対応するよう促す仕組みも必要である。その際には、熱心に取り組む企業ほど企業価値が高まるような仕組み・格付を構築・維持することも重要であると思われる。

c　地域金融機関によるコンサルティング機能の発揮

民間金融機関が行うのがむずかしい領域に関しては、たとえば、より長期の融資や投融資一体の金融サービスや防災対策支援など、政府系金融機関による支援も有効である。

一方で、近年は全国的に金利競争が激化しており、地域金融機関の収益性の低下や貸出債権の質の低下を懸念する声もある。そこで、地域企業の成長に資するためにも、地域金融機関には**コンサルティング機能の発揮**が強く求められている。

コンサルティングには、それぞれの企業のライフステージや抱える問題の種類に応じてさまざまな内容のものが考えられるが、特に注目したいのは、地域金融機関をハブ（仲介者）としたマッチング支援である。こうした支援により、販路拡大、事業承継者探し、経営の安定性強化、異業種連携強化とそれによる技術の相互補完およびイノベーションの創出等に役立つことがおおいに期待される。

マッチングが機能するのは、多くの地元企業とつながりをもち、日頃の接触を通じて地元企業のことをよく知る地域金融機関の介在あってこそといえるかもしれない。逆見本市形式の商談会等、効率的なマッチングの取組みも展開されているなか、地域金融機関にとってもマッチング効率が高いことが広く認知されることで新規顧客獲得につながり、マッチング成立後に企業の活動が活発になることで資金需要も生まれる等のメリットも生まれつつある。このように企業と金融機関との間に、いわば「Ｗｉｎ－Ｗｉｎの関係」を築くことが地域活性化にとって重要である。

d　クラウドファンディングへの期待

クラウドファンディングでは、従来であれば資金提供者をうまく見つけることができないようなプロジェクトであっても、資金提供者を見つけることが可能になりうる。さらにクラウドファンディングの資金提供者は、プロジェクトへの共感によって出資を行っており、資金需要者の所在地域外にも広く分布している。これは、**クラウドファンディングが地域活性化についても有効かつ持続可能なツール**となりうることを示唆している。

ただし現段階についていえば、中小ベンチャー企業にクラウドファンディングが浸透している状態ではないことから、前述の大阪府のようにクラウドファンディングの普及活動を行い、クラウドファンディングウェブサイト掲載に向けたサポートが今後さらに積極的になされることが有効ではないだろうか？　また、サイトに掲載されたプロジェクトには商工会議所等が協力したものも多いだけに、中小企業関連の経済団体との連携も重要になる。

e　地方自治体の制度融資

中小ベンチャー企業にとって地方自治体の制度融資は大きな支援の1つであり、地方自治体がメニューを設計し、融資条件等を定めたほうがよい場合もある。

しかし、地方自治体が設計すると最大公約数的な内容になりがちなので、新たなことにチャレンジする企業を支援する制度融資には、多様な取組みに柔軟に対応できるような制度を設けておくことも有益だろう。地域活性化につながるような金融面の支援策は、地域にあった取組みが積極的に実践されることで、地域の活性化がいっそう進むのである。

(4)　地方創生の主役となる事業体（経営者）と地域住民の「金融リテラシー」向上

a　非財務情報の積極的開示

金融機関による事業性評価や成長資金の供給を強化していくためには、企業側においても必要な取組みがある。金融機関を含めた投資家に対し、適切なリスク評価と資金供給を促すためには、財務情報だけでなく、自社のサプライチェーンにおける位置づけ、知的財産、ビジネスモデル、人材等の非財務情報を事業者が積極的に開示していくことが必要である。

b　成長性・優位性等の説明能力向上

また、それらに基づく事業の成長性、市場における優位性等を、投資家が理解できる言葉で説明する能力も必要となる。このような能力の涵養には金融リテラシーの向上が必要であり、特に創業期から成長期の段階にある企業に求められる。また、成熟期から衰退期にある企業においても、コア事業の強化、ノンコア事業からの撤退を行うことが想定され、事業についての投資家への説明能力を高めることが必要である。

c　地域力向上に向けた地域住民の金融リテラシーの底上げ

さらに、調達した資金を事業に投じ、利益に結びつけ、投資家に還元する資金サイクルの理解は、投資を行う地域住民にとっても金融リテラシーの向上が必要となる。このような地域力を向上させるための金融リテラシーの底上げのために、社会人も対象とした地方大学での寄付講座の開設や、税理士・公認会計士等の企業経営にかかわる専門人材を介した教育支援等の行動を、金融機関が中心となって起こしていくことも大事であるといえよう。

第6章

クラウドファンディングの課題と金融の未来

本章のポイント

現在のクラウドファンディング（市場）の課題と、今後の金融にもたらす影響について説明する。

1 クラウドファンディングの課題

(1) 全般の課題

a 詐欺・不正対策

クラウドファンディングでは、だれもが新しいプロジェクトを起案し、資金を募集できることから、繰り返しになるが、詐欺や不正の温床になるリスクが懸念される。

アメリカのキックスターターにおいてボードゲームを製作するプロジェクトを起案・募集した例では、目標額に達したものの、製作にあたり多くの問題に直面し、その後プロジェクトのキャンセルと返金を行うと発表した。しかし、実際には調達した資金を自身の引越しや家賃の支払に流用してしまい、返金不能なことが明白になったため告訴された。

何千もの人たちをオープンな場所で騙すのは容易ではないとはいえ、案件数が増えていくなかで、資金調達者の誠実性をどのように担保するかは大きな課題である。特に、詐欺性の見きわめと立証は困難である。なお、クラウドファンディングにおける「詐欺」の定義がむずかしいことは、第2章で述べたとおりである。

加えて、多くの支援者がかかわっているため、意思統一が困難であることも大きな問題である。前述の例では、プロジェクトのキャンセルから2年あまりが経過して、ようやくFTC（連邦取引委員会）による裁定が下っている。ちなみに、クラウドファンディング運営者は起案者（資金調達者）と支援者（資金出資者）を仲介しているのみであるとして、中立の立場をとり、トラブルの仲裁をしないのが通常だ。

クラウドファンディングでは、インターネット経由で1対多の発信が通常であり、多くの人が監視することにより詐欺を防ぐことが可能と考えられる。したがって、株式型クラウドファンディングを可能にした改正金商法では、対面募集を禁止している。もっとも、対面には実在性確認等のメリットもあり、全面禁止が妥当かどうか疑問の余地がある。

一方、購入型や貸付型においての対面募集やセミナー等での勧誘を制限する法律やルールはない。日本クラウドファンディング協会などの団体が主体となって、このあたりをどう自主規制していくか、適切な構築が期待される。

b 補てん行為

厳密には法律違反ではないものの、クラウドファンディングの意義に反する行為として、目標額を達成するために起案者（資金調達者）が補てんする行為がある。

プロジェクト案件の調達額や1人当り支援額の推移をみると、クラウドファンディングの募集期間の終了数日前などに、目標額の大半を資金調達者とみられる1名が支援している事例などがある。この少数の不自然な支援は、起案者（資金調達者）本人による支援であることが明らかだったりすることもある。

クラウドファンディングウェブサイト上では、現時点の調達額と支援者数しか公開されていないため、こうした行為は認識されにくい。

多くのクラウドファンディングウェブサイトでは、すでに述べたようにオールオアナッシング方式か、キープイットオール方式かの2つの形式に大別される。前者では、目標額に達しない限り全額返金される。後者では目標額に達するか否かにかかわらず、資金は起案者に提供される。前者の場合、目標額に達しなかった場合は資金を得られないため、起案者が残りを穴埋めし、すでに集めた資金を得るという行動に走ることが考えられる。

しかしオールオアナッシング方式は、クラウドファンディングにおいて、そのプロジェクトが成立すべきか否か選別する仕組みであり、起案者（資金調達者）による穴埋めはその選別を無にする行為といわれる。こうした選別が行われると期待するからこそ、支援者は気楽に支援できるのであって、穴埋め行為は支援者の心理を裏切っているともいえるからだ。

法律違反でないとしても、こうした「誠実でない行為」はクラウドファンディングの健全な発展に悪影響を及ぼしかねない。アメリカのキックスターターでは、こうした不自然な調達がみられた場合、案件自体を取り消すこともある。国内のクラウドファンディングプラットフォームでも、「誠実でない行為」を見抜くことやそれが明白になった場合、同様の厳正な対応が求められるだろう。

もっともこの問題も、起案者自身による出資は、その金額が適正で「誠実である行為」ならば、自己のプロジェクトに責任をもった行為（自己資金出資）ともいえ、一概に「不正」と言い切れない面があることに留意したい。

(2)「貸付型」の課題

a　資金出資者にとって——匿名化・利回り重視

クラウドファンディングが普及するにつれ、当初のクラウドファンディングの意義と現実が乖離しつつある。特に、貸付型でそれは顕著である。

クラウドファンディングは、個人が特定のプロジェクトのリスク・リターンを個別に判断し、資金を投じるというものである。

しかし、国内では貸金業法に基づく行政指導で案件のバスケット化や匿名化が必要とされている。すなわち、匿名組合契約を利用した**「集団投資スキーム」**の形式をとるため、特定の案件ではなく、匿名化された複数の案件に対して出資することになっている。

したがって、貸付型は定期預金などと比較して利率のよい**「マイクロ金融商品」**としての側面が、消費者（資金出資者）に強く認識されている。事業性よりも利回りが優先され、「事業に共感して支援する」というクラウドファンディングの意義からの乖離が進む結果、事業内容のチェックが軽視されるという懸念がある。

b　資金調達者にとって――コスト面の問題

一方、資金調達者にとってはコストの問題がある。資金調達が可能となり中小ベンチャー企業の選択肢が拡大したことは評価できる。しかし、ファンド型では初期費用が100万円以上かかってしまう現状は、中小ベンチャー企業の財務からすれば当初から高い設定となる。たしかに、ファンドによる調達額が数千万円になれば相対的に初期費用は低くなる。しかし、必要な資金を調達するために100万円を用意することは、多くの中小ベンチャー企業にとって迷うところではないだろうか。

ＡＱＵＳＨの場合、借り手と投資家は「他の金融機関を介さずにＡＱＵＳＨを通じて取引を行うことで中間コストを抑え、低い金利でのローンを実現している」と述べている。金融機関こそ介在していないが、貸金業者としてＡＱＵＳＨの運営会社が存在しており、個人情報信用機関や保証会社を組み込んだスキームは、資金出資者から集めた資金という点は新規性があるものの、中小ベンチャー企業にとっては既存の事業ローン会社等からの借入れと同じ位置づけとなり、実質の調達コストは10％を超える可能性もあることに注意が必要である。

(3) 「株式型」の課題

a 議決権

クラウドファンディングを利用して株式を取得させるということは、当然、多数の個人株主を抱えるということを意味する。普通株式には通常株主総会の**議決権**が付されている。そのほかにも、少数株主には株主としていくつかの権利が会社法によって与えられている。

特に議決権というのは、単に株主総会で賛否を表するということにとどまらず、その集積は会社の支配権を意味する。株主管理コストの問題や会社支配権の源泉となる株式を管理が困難なクラウドファンディングの投資者に渡してしまうことの是非が問題となるわけである。

この点、海外のサービスのなかには、クラウドファンディングにオファーする**無議決権株式**（普通株式から議決権を取り除いたもの）をつくり、その取得を希望する投資者を募るという方法がとられているものもある。

b　バリュエーション（株式価値評価）

株式型クラウドファンディングの対象企業は未公開企業であるため、上場会社と同様の意味での市場価格というものは存在しない。そうしたなかで、投資者に対して1株いくらで株式を発行することにするのか、その決め方が実務上問題となりうる。

この点もいろいろな解決策がありうるが、海外のサービスをみると、目標投資額と募集する株式の割合を示したうえで、目標に到達すると締め切るものや、目標額を超えて申込みがある場合の柔軟性を確保しておくタイプのものがあるようだ。

c　株式型への目利き

良質な案件を供給するための仕組みとして、専門家をクラウドファンディングにどのように関与させるか、あるいはさせないか、がポイントになる。

これは、クラウドファンディングとベンチャーキャピタル（VC）など専門投資家の役割分担論の1つとしてとらえられるかと思われる。基本的な方向性としては、VC等の専門投資家の目利き力をクラウドファンディングでいかに活用するか、という方向なのだが、VC等の専門投資家がこうした仕組みに参加する金銭的インセンティブはあまりない。クラウドファンディングの特徴である「集合知」に委ねてしまうのが実態となるだろう。

d　株式型への規制

いままでみてきたように、日米では、リスクマネー供給手段としてクラウドファンディングを位置づけ、その活用をそれぞれ模索している状況にあるといえる。そこで、リスクマネー供給手段としてクラウドファンディングが活用されるためには、以下のような規制上の課題がある。

①　規制のあり方については、金融審議会報告では、**自主規制機関による適切な自主規制機能の発揮**が示されている。クラウドファンディングの場合、資金調達規模が相対的に小さいため、規制に伴うコスト負担が過大であると、金融商品としてのスキームが成り

立たなくなる可能性がある。

その半面、過小規制になると、詐欺的なスキームなど市場参加者の信頼を損ねる危険性もある。したがって、自主規制機関による適切な自主規制に委ねる方向性は妥当なものとなる。

② クラウドファンディングは、経済的には金融仲介の新たな分野として位置づけられるが、そこでの市場参加者は、資金提供者・調達者もプラットフォームの運営者も含めて、従来の金融や証券市場の参加者ではなく、むしろソーシャルネットワークなど**ネット上のコミュニティの参加者**となる可能性がある。また、それによって市場の成長が促されるものと考えられる。したがって、従来の金融・証券規制やそのもとになっている概念が共有されにくく、独自の志向性や価値観を有している特徴はむしろ留意点にもなる。

③ いわばカルチャーの異なる市場参加者が拡大するなかで、自主規制のあり方を設計することになる。したがって、そのような**カルチャーの異なる市場参加者とコミュニケーションをとりながら**、**自主規制を設計する**必要がある。クラウドファンディングウェブサイトの運営業者の間の自主規制的な団体（第4章で説明した日本証券業協会、日本クラ

ウドファンディング協会等）と連携しながら自主規制を設計することが望ましいだろう。

④　株式型クラウドファンディングだけでなく、その他寄付型なども含めて**ふるさと投資**（地域活性化小口投資）プラットフォームの構築のような「志ある資金」に基づくスキームの場合、資金提供者に対して、その投資あるいは資金提供によって、どのような成果が達成されたのかが明示される必要がある。

その際、スキームの運営者が情報提供するだけでなく、中立な第三者が公正かつ客観的な評価を行い、その評価が適切に開示される仕組みも必要である。そのためには、**第三者による評価機関**も検討されるべきだろう。また、このような評価が行われることによって、詐欺的なスキームや市場参加者の排除が図られるものとなる。

e　出口（流動性）

株式型クラウドファンディング自体は、未公開株式による資金調達だけで、流通の場まで含めた制度ではない、ということを明確に認識しておく必要がある。つまり、クラウドファンディングだけでは、株を購入した人は原則買切りになるという、換金の場がきわめて限定されているのだ。株式を売る二次流通の場がないため、原則、上場したりＭ＆Ａ等による新しい買い手が現れない限り、そのまま保有していることになる。

さらに未上場株式というものは、大化けする可能性もあるが、このように流動性がなければ経営状態が悪化したと感じても、上場株式のように売却に踏み切って、損切りするということができない。**株主コミュニティ制度**（注）が設けられたものの、未上場株式は実質流動性がないという課題は重要だ。

（注）株式型クラウドファンディングで資金調達を行った企業の株の売買ニーズに応え、一定の換金できるチャンスが与えられる場として2015年6月以降に設けられた制度。証券会社が、企業ごとに投資参加者グループ〔株主コミュニティ〕を管理、そのグループ内での売買のみ可能である。しかし、売買は、コミュニティメンバー間で許され、各証券会社の店頭取引内で完結する形態をとり、証券会社間での取引はできない。すなわち、事実上の流動性はきわめて限定されている制度である。

そういう意味では、現制度のもとではすでに述べたように**株式型クラウドファンディングは基本的に寄付に近い投資**との性格だということなのである。

株式型クラウドファンディングによって人々がより簡単にスタートアップ企業に投資できるようになったことへの評価は高い。しかし、購入した株式を売却することがむずかしければ人々は投資を躊躇しがちだ。それはたとえば、

① 資金出資者側の事情

・支援時と業容が変わったので、支援を続けるのか考え直したい。

・立ち上げ期だから支援したかったので、成長後は株式を手放したい。

② 資金調達側の事情

・株主の人数などを整理し、次の業容拡大に迅速に対応したい。

・次の資金需要に対応するために、株主構成を整理したい。

③ 市場の事情

・会社清算時などで、株主のだれにどう分配するのかを決めたい。

などの各流動性ニーズが存在するからだ。

株式型クラウドファンディングの活性化のためには、今後上場前の株式も容易に売却できる制度・流動性市場の設計が求められてくることは間違いない。

そしてステークホルダー（利害関係者）の要請に応えるためには、

① 中立的な第三者によって証券の所有情報が公正に維持されていること

② 一定の範囲で流通が行える環境が整っていること

が必要であり、流通量・流通金額等からして、安価なシステムの構築のためにたとえば、

ブロックチェーン技術（注）を用いた流通市場の登場が期待される。

（注）　中央集権（サーバー）を置かずに世界中に点在するコンピューターにデータを分散することで、相互に破壊・改ざんが困難なネットワークをつくる技術のこと。相互に信頼関係のない不特定多数の参加者間で、信頼の仕組みを提供し、権利移転を実現することに適している。ビットコインに代表される暗号通貨の基盤技術として利用されているが、その応用範囲は広く、たとえば最近では、２０１５年５月、アメリカのナスダックは未上場株式市場に同技術の採用を決め、日本でも２０１６年３月、日本証券取引所は日本ＩＢＭと連携し、証券決済など同技術を活用した実証実験を始めると報道された（２０１６年２月16日日本経済新聞朝刊）。金融においては、**貨幣・信頼・立証などの構造を本質的に変える可能性のある革命的技術**だという評価が高まりつつある。

(4)　中小ベンチャー企業にとっての課題

クラウドファンディングによって、中小ベンチャー企業の間接金融依存型の資金調達構造から脱却できる可能性があるのだろうか？　中小ベンチャー企業へリスクマネーを供給するうえでのクラウドファンディングにおける問題点は以下のとおりである。

① 資金調達可能な事業が限定される

クラウドファンディングを活用して資金調達をしているプロジェクトが**商品やサービスをつくりだすものに集中**していることである。アイデアの商品化や店舗展開など、投資者(＝消費者)が身近に感じられるもの、想像できるものが大半を占めている。

しかし、中小ベンチャー企業のなかにはある工程の一部を担当し、商品や製品の1つの部品だけを製造している企業が存在している。そういった企業が既存のプラットフォームを用いて自社の事業を説明したとしても、購入型では資金調達は不可能だろう。なぜなら、資金出資者が購入する必要性がなく、使用できないからである。

こういった企業がクラウドファンディングを用いて資金調達する場合は、その説明努力がいっそう必要になる。つまりクラウドファンディング、特に購入型に関しては、資金調達が可能な事業は限定されるといえる。

② プロジェクトの偏りや調達コスト

中小ベンチャー企業資金調達者の視点からクラウドファンディングの現状をみると、限定された事業内容では資金調達の選択肢が広がり、特にスタートアップや新事業展開を使途にしたプロジェクトでは調達可能性が高まった。しかし、成功するプロジェクトに偏りがあること、また(2)の貸付型の項で指摘したように、調達コストは決して低くはなく、10％を超えるものもある点は注意すべきである。

(5) クラウドファンディング運営者（プラットフォーム）の課題

一方、クラウドファンディング運営者（プラットフォーム）の課題としては、なんといっても収益性の低さがあげられる。

クラウドファンディングの運営は仲介事業であり、ビジネスモデルは決済手数料が中心となる。国内の手数料率の相場は、購入型が約15％（20％－決済手数料数パーセント）、貸付型が数パーセントである。株式型は数パーセント〜10％程度と推測される。なお、株式型の運営者が、株式を手数料対価として取得することは禁止されている。

購入型の場合、流通総額が10億円であれば、手数料率が15％のため、プラットフォームの売上高は1・5億円である。コストは、①賃料やその他の固定費、②人件費（キュレーターや管理部門・プラットフォームの開発エンジニアなど）であるが、どこまで抑えられるかがポイントになる。収益性は決して高くない。

また、リスクという点でいえば、競争激化や海外運営者の参入により手数料率の引下げ競争があげられる。国内では手数料率の相場が20％（実質15％）と高く保たれているが、アメリカのキックスターターやインディゴーゴーは5％である。クラウドファンディングプラットフォームへの参入は容易であるだけに、海外運営者が魅力ある案件を求めて参入してくることが予想される。

他の類型でも、クラウドファンディング運営者は資金調達の仲介者であり、ビジネスモデルは取引手数料が中心である。現在の手数料率は前述のとおり、購入型が15％、貸付型が数パーセント、株式型が数パーセント～10％と見込まれるが、今後、中長期には手数料率が低下していくだろう。クラウドファンディング運営者が収益をあげるため、流通額を購入型の場合で数十億円、貸付型で数百億円以上にスケールさせることが必要になり、国内のみの対象では収益的に成立しえない運営者も多数出てくる可能性があり、そうした運営者は市場から淘汰されることとなる。

2 クラウドファンディング（市場）の将来

(1) 類型別にみたクラウドファンディング（市場）の将来

クラウドファンディングは一過性の流行ではなく、新しい金融の仕組みとして定着しつつあり、さまざまな場面に浸透し拡大していくと思われる。

購入型と貸付型・株式型は大きく異なる性質をもつため、それぞれ異なる場面で用いられる資金調達手段として発展すると考えられる。採算性の問題から、類型を融合させたハイブリッド型も拡大する可能性が高いといえよう。

a 購入型

購入型は、産業創出・中小企業創出の仕組みとして、エンジェル投資や創業融資との棲み分けが進むと想定される（前掲・図表1－7参照）。順調に拡大すれば、産業創出における**「死の谷（デスバレー）」**問題（注）の解決に効果を発揮することとなる。

（注） 研究開発の段階でいかに優れたものであっても、即座に製品化・事業化ができるわけではなく、資金調達面の問題等で日の目をみずにお蔵入りになってしまう危険性が随伴する問題。

なお、購入型クラウドファンディングの中長期的将来について、以下のシナリオが想定される。

① オールラウンド型クラウドファンディング（プラットフォーム）運営

クラウドファンディングウェブサイトは比較的容易に立ち上げることができるため、EC事業者、バーティカルメディア、メーカーなど多くの企業がすでに運営者として参入している。今後も参入が相次ぐだろう。クラウドファンディングウェブサイトでは、魅力ある案件がサイトを訪問するユーザーを増やし、ユーザーが増えたことにより案件が成立しやすくなり、より多くの案件が集まるというネットワーク効果が働くため、オールラウンド型運営者は、次第に数社の大手で占められることも予想される。

② ニッチ型クラウドファンディング（プラットフォーム）運営

クラウドファンディンウェブサイトは、ニッチなカテゴリーに特化することで差別化を図る運営者も増えるに違いない。ただ、ニッチなプラットフォームでは資金調達の規模が限られる可能性があるため、単体での収益規模が大きくなりにくい場合なら、後記③での形態をとる運営者も増加するだろう。

③　貸付型と購入型の融合（ハイブリッド・プラットフォーム）

購入型単体では、年間流通額を数十億円まで拡大できない限り、収益性は低い。そのため、貸付型などと組み合わせることで収益性を高めるプラットフォーマーが出現する可能性が高い。

b　貸付型

定期預金などと比べ、利回りが大きい**「マイクロ金融商品」**として急成長が続いている貸付型は、中長期的には規制が強化されるリスクがあると考えられる。貸付型の案件のリスク評価は未成熟と考えられ、リスクとリターンが見合っていない案件が含まれる可能性がある。将来、なんらかの事件・事故や、大規模な貸倒れなどをきっかけに規制が強化される可能性がある。ただし、貸付型は既存金融システムを補完する意義が大きいことから、適切な規制のもとで安定成長が続くことが期待される。

貸付型に流入する資産の源は、一般消費者の家計資産1700兆円である。このうち、今後5年間のリスク商品への流入額は、ＮＩＳＡの影響を受けて上場株式が10兆円、投信・外債が15兆円であり、合計25兆円と予想される。貸付型クラウドファンディングの市場規模は２０１４年で３００億円であり、世界では５１００億円に達していることから、潜在市場として数千億円の規模に成長する可能性がある。

c 株式型

株式型は２０１５年5月施行の改正金商法で解禁されたばかりであり、将来どのように成長するかは不透明な部分が大きい。超初期を除くアーリーステージ〜ミドルステージのベンチャー企業の事業拡大局面や、中小企業の新規事業のためのリスク資金として活用されると予想される。

株式型は、クラウドファンディングを利用する企業にとっても情報開示の準備や規制対応が必要であり、負担が大きい。創業間もない企業の支援よりも、すでに事業基盤を有する中小ベンチャー企業がリスク資金を調達する際に用いられることだろう。

株式型クラウドファンディングで資金調達し、成長するベンチャーが登場し増加することが期待される。また、既存のエンジェル投資家やシードＶＣの代替手段の１つとして用いられていくことになる。

株式型は、他の類型と比べ規制対応や株主対応実務ノウハウが必要であり、参入障壁が高い。参入企業は、証券や銀行など**既存金融機関単体というよりも、それらとＩＴ企業などの合弁企業**により展開されると想定される。株式型の普及に向けては、**株式実務や反社チェックの支援強化**が必要不可欠である。自主規制団体が金融機関と連携することなどにより、コストを抑えることができれば、普及が加速するだろう。

中長期的には、１人当り年間50万円、１案件当り１億円という上限が徐々に緩和される可能性がある。アメリカでは一律にではなく、年収に応じて細かく上限が設定されている。日本では法案成立事情から、より簡便なかたちの規制となった節がある。上限が緩和されれば、株式型クラウドファンディングの市場成長を加速する可能性は高いだろう。

ただし、すでに述べたように出口（流動性）の課題を今後解決していかなければ、市場の発展は限界があることに留意しておく必要がある。

(2) クラウドファンディング市場の方向性

これまでに述べてきたことを総括すると、クラウドファンディング市場の将来的な方向性は、総じて次のように展望できるのではなかろうか？

① ニッチ・プラットフォーム

特定のタイプのキャンペーンオーナーに特化したプラットフォームで、ビデオゲーム、レコード芸術、演劇、不動産、食品・飲料、情報技術、ファッション、ジャーナリズムなどがあげられる。

② 地域投資/コミュニティ・プラットフォーム

地域投資に特化したプラットフォームであり、クラウドファンディングが、地域の投資を拡大させることが期待される（詳しくは第5章参照）。

③ ハイブリッド・プラットフォーム

さまざまなクラウドファンディング・モデルを統合したプラットフォーム（購入型&株式型など）であり、プロジェクトオーナー（資金調達者）のニーズに即して、モデルを設計するようになる。

④　企業クラウドファンディング

規模の大きな企業がクラウドファンディングの採用に関心をもつようになってきており、将来の製品・サービスの需要調査としてクラウドファンディングを採用すれば、市場分析などにかかるコストを低減させることになるだろう。

⑤　クラウドファンディングと経済成長

今後のクラウドファンディングの発展段階として、最終的には、**マクロレベルでの経済発展にどのように貢献できるか**が問われるようになる。その際、(i)クラウドファンディングが主要な開発銀行・機関の活動に組み込まれる（開発銀行自体のファイナンスをクラウドファンディングで行ったり、仲介機関として、発展途上国向けのファイナンスにクラウドファンディングを活用する等）かどうか、(ii)そこでシナジー効果が発揮されるかどうか、さらに(iii)クラウドファンディングという手法が経済発展に寄与するかどうか、といった点が問われるようになるだろう。

＊　　＊　　＊

以上、①~④のなかで注目されるのは、第5章の冒頭でも述べたとおり、地域投資／コミュニティ・プラットフォームという方向性である。近年、**地域投資（Locavesting）**という用語が登場し、この用語がクラウドファンディングとともに語られるようになっており、クラウドファンディングが地域の投資を拡大させる効果が期待されている。さらに、地域での資金調達は、運営者と資金出資者の信頼関係を強化し、両者はそれぞれに得るところが大きいことが魅力だ。さらに今後、マクロレベルでの経済成長にどの程度寄与できるのか、という上記⑤の視点も重要なポイントであると考えられる。

クラウドファンディングは、「シード資金」「事業立上げ資金」「運転資金」といった、企業が成長のさまざまな段階で必要とする資金の調達において、従来の金融手法（銀行借入れ、ＶＣ等）の代替手段として定着すると見込まれる。

クラウドファンディングは万能ではない。大衆から資金を募るという性質上、適さないプロジェクトもある。プロジェクトごとに、従来型の金融システムや行政による支援とクラウドファンディングのどちらが適しているかを検討し、最適な資金調達手段が利用されるようになり、資金調達の選択肢が増えることに期待したい（前掲・図表２－１参照）。

3 既存金融への衝撃

(1) 企業金融・株式会社制度を変える可能性

a 現代経済における株式会社制度のインパクト

今日の株式会社制度――より平たくいえば株式という仕組み自体――が、現代経済において最大級のイノベーションであることは間違いない。産業革命にしても、技術革新にしても、株式会社制度がなければ、ここまで大きなインパクトを及ぼしたかどうかはわからない。たとえば、産業革命直後にアメリカの鉄道事業がどんどん成長していったが、この局面で巨額の鉄道敷設投資を支えたのは株式会社制度である。言い換えれば、株式会社制度なかりせば、アメリカの巨大な鉄道事業の成長はありえなかったといえよう。

当時の株式会社制度の大きな特徴は、必要になった材料や製品を調達することを可能にする仕組みであった。列車を走らせるには線路を敷かないといけない。鉄道事業が巨大になれば、規模の経済性が働く。大規模生産設備ができれば安価に製品がつくれるという構造である。このポイントは他の産業にも波及し、工業製品の生産においても大規模な生産設備が必要となってきた。そこで、そのための資金調達をどうするのかが問題だった。

　産業革命に必要な生産設備の調達が可能になり、その結果、飛躍的に経済が成長した。大規模な会社を成立させることができたのも株式会社制度、産業革命の技術革新を促すことができたのも株式会社制度によるものである。

b　大規模な資金調達を必要としない時代へ

　一方、クラウドファンディングについていえば、「巨額」というキーワードはなじまないとみてよいだろう。今日の社会を見渡す限り、最近ではあまり大規模な資金調達を必要としない技術開発が進んでいる。グーグルにしてもフェイスブックにしても、なかなか株式公開をしなかった。なぜだろうか?

　それは、初期段階で大規模な資金調達が必要でなかったからである。アメリカでは、最近はＩＰＯを目指さないベンチャーも増えてきている。端的にいえば、ＩＰＯをしなくても、会社をある程度大きくできるからである。要するに、大規模でなければ生き残れないという時代ではないことを意味しているのである。

c　リーンスタートアップ

ベンチャー企業にとって、最近は「リーンスタートアップ」の重要性が高まっている。つまり、「コストをあまりかけずに最低限の製品やサービス、試作品をつくって顧客の反応をみる」というサイクルを繰り返すことで、起業や新規事業の成功率を高めることが重要視されてきており、クラウドファンディングはまさしくリーンスタートアップに最適な資金調達方法といえるわけである。

さらに、クラウドファンディングの仕組みや制度に、低予算で技術開発が可能なイノベーションを融合すれば、先ほど述べた大規模な会社の成立を前提とした株式制度に対して、かなり大きいインパクトを与える可能性がある。

d　健全性確保とコストバランスが課題に

課題は、健全性の確保とコストのバランスをどうとるかである。お金の仲介環境を健全化することはもちろん大切であるが、そのために過度なコンプライアンスや情報開示の仕組みづくり、さまざまな規制がかかることになると、起業家・企業・クラウドファンディング運営事業者にかかるコストが負担になり、市場の発展が妨げられるかもしれない。

大事なポイントとして、クラウドファンディングと一括りに考えるのではなく、金融型――とりわけ株式投資型――は明確に区別して取り扱う必要がある。

e　金融商品と制度設計の歴史、コーポレートガバナンスの構造が激変

ところで金融商品は、基本的に投資家になんらかの権利を与えるものである。投資家に与える権利は2つであり、1つは株式により議決権を与えることで、もう1つは社債のように金銭リターンを約束することである。このようなかたちで、資金提供者になんらかの権利を約束する。これらの権利を保証するために、さまざまな法律をつくってきたのが金融商品と制度設計の歴史なのだといっても過言ではない。

とりわけ、「株式に議決権を与える」という構造がコーポレートガバナンスの根幹になっている。また、社債権者にデフォルトしたときの権利を与えることで、社債権者や銀行がコーポレートガバナンスの主体になるのであるが、仮にクラウドファンディングで多数の投資家が何の権利も要求しないとなると、コーポレートガバナンスの構造も大きく変わり、金融取引上の概念を大きく変えるかもしれない。

株式投資型では前述したように、たとえば種類株式の無議決権株式を発行し、多数の投

資家の経営関与と管理から解放されるというかたちが望まれるかもしれない。

f　株式公開の意義と必要性、取引所主体の取引構図が変化

前述のように、必ずしもＩＰＯを目指さない企業が株式を公開しなくても十分な資金を集められるのであれば、そもそも株式を公開することの意義と必要性が変わっていく。今後は役割分担が進み、すべての金融商品を取引所で扱うのではなく、別の仕組みでお金が流れる構図が、クラウドファンディングの枠を広げていくことで出現してきたのである。

g　株式投資型には適切な制限が必要

とはいえ、特に株式投資型についていえば、現状の未公開株式投資とほぼ変わらないので、さまざまな詐欺的行為の問題や反社会的な人たちが集まる危険性には警戒する必要がある。当然、この株式投資型を無制限に認めてしまうわけにはいかず、金商法による適切な制限が必要であり、この問題をチェックするクラウドファンディング運営事業者の質を高める仕組みや努力が大変重要になってくるだろう。

金銭のモチベーションではない共感や熱意への共鳴、人を助けたいという思いでお金が

動くことが、このクラウドファンディングの最大の魅力であるので、一攫千金がねらえる投資の仕組みとはやはり根本的に違うという認識が必要である。「儲からないけれど資金が集まる」という仕組みが、本来であれば非常にいいのである。その意味では、クラウドファンディングの基本はやはり寄付型や購入型にある一方で、特に株式投資型の取扱いについては資金出資者の金融リテラシーの状況に応じて、慎重にされるべきであろう（注）。

（注）証券市場の東証マザーズ（1999年創設）では、赤字企業でも上場する企業が増えている。たとえば、2014年3月26日に上場した筑波大学発ロボットベンチャーのサイバーダインは、14年3月期の予想経常損益が6億円強の赤字であったにもかかわらず、上場初値が公募・売出価格の2・3倍と人気を博した。それは、介護用パワーアシストスーツ開発という事業を、投資家が社会貢献性を含めて評価したからであろう。有望なビジネスモデルをもつ企業には、資本市場からの資金調達の道は開かれているという格好の例といえよう。

h 「貯蓄から投資へ」——起業率向上・持続的な成長戦略への道筋

日本では、政府が提唱する「貯蓄から投資へ」は喫緊の課題となっているが、基本は国民の金融リテラシーの向上をどうするかがベースにあって、次にクラウドファンディングのような次元の異なる市場に貯蓄を向かわせるべきである。

多くのお金は集まらなくても、小さな金額からまずは起業を始める・広げていくことが、日本の起業・ベンチャーにはいまいちばん求められている。それが日本の起業率をアップさせる要因になり、持続的な成長戦略になるのである。

(2) 日本におけるベンチャー企業の将来

日本のベンチャー企業の将来像について、たとえばシリコンバレー風のベンチャー企業が広がる社会にすることも1つの大きな理想かもしれない。シリコンバレーでは、一度起業に失敗しても、何回でも起業できる風土がある。

シリコンバレーから学ぶ特徴の1つとして、シリコンバレー内のコミュニティでは企業組織を超えて個人の情報が共有されている点があげられる。だから、会社を潰しても別に恥ではない。会社を潰してもその人に能力があるということは変わらない、ということがコミュニティに把握されているので、またたれかが資金を出すという好循環が生まれているのである。

激しい競争が展開されている一方で、コミュニティ内には非常に信頼性の高い評価システムが存在し、それが企業を成長させる仕組みとなっている。新規参入にも協力を惜しまず、能力の評価を公平に客観的にする仕組みは、ぜひ日本も見習うべきだし、またそういうコミュニティづくりが真摯かつ早急に求められているということではないだろうか。

(3) 21世紀の金融サービスの方向性

a 金融の民主化

これまで、将来性のある有望企業に投資できるのは、機関投資家や富裕層などに限定されていた。しかしクラウドファンディングの登場により、一般のすべての人にも投資できるチャンスが広がった。いわゆる**「金融の民主化」**現象である。

専門家のなかには、クラウドファンディングの仕組みがあったとしても、「素人は安易に金融に参加すべきでない、やはりプロに任せておけばよい」との意見も根強いと思われる。しかし、より多くの「金融の素人」が参加することで、プロがみえなかった（実際、プロの経済予測はほとんど当たらない！）要因が明らかになる可能性もある。キーワードは意思決定における「集中」から「分散」、「タテ方向」から「ヨコ方向」へである。

b 〝ネット絆〟をもちえた個人による規制打破・社会変革

そして、金融の民主化——金融の世界により多くの人々の参加が可能になり、お金を介して自由・つながり・チャンスを生んでいくこと——の実現で、市場メカニズムはより効率的になり、株式制度とあわせてそれを補完あるいは代替機能を有するにまで発展することが期待できる。それが21世紀の新しい金融システムのイメージである。

今日の世界では、ネットによる変革が「さまざまな社会の規制や既得権などを打ち壊しつつある」と指摘され、その原動力は「ネットで互いにつながり合った個人の力にある」といわれている。日本も国際社会で存在感を高めるには、インターネットによる「つながる力」をもっと生かす必要がある。

人々の絆が東日本大震災を乗り越える力となったように、新たなつながりが、経済や社会を変える大きな原動力となり、「〝ネット絆〟をもちえた個人による規制打破・社会変革」でさらなる躍動に向けて邁進すべきである。

c　人々をつなぎ個人の力を経済や社会に生かせる仕組みづくり

一方でSNSは、都合のよいこと・悪いことを含めて、仕事ざま・生きざま等が自己のデータベースとなり、他人に情報公開できる世界となっている。それゆえ個人情報の開示には、個々の人がしっかりとしたルール観ももち、自らがコントロールしていく意思が明確にないと、思わぬ被害が広がりかねない。今後、学校教育のなかでも、SNSを利用するうえでのメリット・デメリットなどを教えていくことがもっと重要になるだろう。

持続的な成長を促すには、それを支える原動力が欠かせない。人々をつなぎ、個人の力を経済や社会に生かせる仕組みづくりが問われている。新しい企業・事業・イノベーションをいかにつくって、つながり、伸ばしていけるか――その実現は意欲ある個人の具体的な参加・行動にかかっている。

(4)　金融サービスは大変革へ

a　金融サービス業の転換を促す「トップダウン」と「ボトムアップ」の力

金融サービス業は着実に、しかし間違いなく、長い時間をかけた転換期に突入した。その背景には、2つの持続的な力が結びついた影響がある。

1つはトップダウン要因——たとえば規制の変更などによるものである。そしてもう1つは、下から沸き上がる破壊的な影響——変化する顧客の嗜好と、この業界を変革し近代化したいと考える外部の先見性あふれる人々（ベンチャー）の存在である（コラム「クラウドファンディングとフィンテックの衝撃」239頁参照）。

b　ボトムアップの力の重要性

規制は引き続き伝統的な金融機関の監督強化の方向に振れている。そのうえ、金利が通常よりも低く抑えられた**「金融抑圧」**体制のなかにある。その結果、利鞘が縮小し、一部の金融機関は長期的な金融取引に慎重になる。その結果、特に大手銀行は、中央銀行が潤沢な流動性（お金）を供給しているにもかかわらず、サービスの種類や対象者を絞ろうとせざるをえないのである。

こうしたトップダウン要因の影響で、**ボトムアップの力の重要性**が徐々に増してくる。より幅広い消費者に対するより直接的かつ効率的なサービスの提供に拍車がかかり、金融サービス業全体が大きく変貌していくことが予想されるのだ。

1980年以降に生まれた世代が借入れや貯蓄、投資の大きな部分を占めるようになるにつれ、顧客の期待が進化していく可能性が高い。新しい顧客の多くは「自ら決定する」生活を好むため、金融サービスの提供者（特に金融機関）が商品を売り込むという考え方から、**一人ひとりの顧客にあわせてカスタム化したより包括的な解決策を提供する**という考え方に切り替える必要がある。

c　外部の破壊者（新規参入企業）による影響

ボトムアップの力による外部の破壊者――すなわち新規参入する企業は、より**先端の技術的な解決法や行動科学を活用した洞察力を応用**したいと考えている。

個人の空き部屋をインターネットで仲介する**エアビーアンドビー**（アメリカ）や、配車サービスの**ウーバーテクノロジーズ**（同）は、外部の破壊者が強力であることを示した。金融では、ソーシャルネットワークを通じて個人同士が資金やモノを貸し借りする仕組みや、本書で取り上げたネット上で資金を募る**クラウドファンディング**である。

外部の破壊者は、従来であれば伝統的な企業によって周縁に押しやられたり、企業への信頼を失ったりしても再起を図りたい人たちへのサービス提供を開始し、すでに影響を及ぼしている。

d　伝統的企業と新興企業の連携

伝統的な企業も環境変化に適応して支配的な地位を維持しようとすると予想されるが、その多くは従来の考え方や業務上の手法を自ら破壊するよう迫られるだろう。

ただ新興企業も、伝統的な企業の優位性を支える制度や規制を即座に、そして決定的に克服するのは容易ではない。その結果、金融サービスを提供する企業の数が大幅に増加し、既存の仕組みと、ワクワクするような新しいアプローチを結びつける企業同士の提携が進む公算が大きい。**金融はまさに新時代**を迎えようとしているのである。

第7章

クラウドファンディングの実践

——筑波フューチャーファンディング（TFF）ストーリー

本章のポイント

筆者が代表を務める「筑波フューチャーファンディング（ＴＦＦ）」の活動について説明する。

第1章～第6章では、クラウドファンディングの概要から始まり、各ステークホルダーにいかなる価値を提供できるのか、を客観的な視点で概観してきた。お金が必要な人へ、大衆（クラウド）から顔のみえる関係でお金が投資される新たな金融システムは、金融システム全体の構造をシフトさせていく可能性を秘めている。

しかし、第三人称の客観的な視点から分析するだけでは、その流れのなかに身を置く当事者としての視点が抜けてしまう。そこで第7章では、筆者が金融機関を辞めて独立した経緯と、現在、第一人称（実践者）で経営に取り組んでいるクラウドファンディングサービス「筑波フューチャーファンディング（以下、ＴＦＦ）」ストーリーを通じて、資金等ゼロでスタートし、その後七転八倒したようすを披露する。

読者の方々には、クラウドファンディングをサービサー（運営者）として実践するおもしろさと、同時に苦しみを感じていただければ……と思う。

1 なぜ金融機関を辞めて独立したのか？

まず、筆者が独立（2003年）するきっかけについて簡単にお話ししたい。

筆者は、1983年に住友信託銀行（現三井住友信託銀行）入行後、朝日生命保険を経て、金融マンとして20年間、金融ビジネスの道を歩んだ。そして、その間に1つの結論として感じたのは、①「日本の金融・保険業界は、まだまだ顧客に向けた真のサービスを提供できていない」ということと、②「今日ほど市民の視点から金融の活用が求められている時代はない」ということだった。いまから約13年前の話である。

そして、上記の2点への答えとして筆者が決意したのは、社会に**「わかりやすい金融投資教育」**や**「市民ニーズにあった金融サービス」**を独立して提供していきたい、ということだった。言い換えれば、「地域・企業・個人のために資金調達の新しい仕組みを考え、市民投資家を育成（金融投資教育）したい」ということだったのである。

「市民一人ひとりがもっと金融投資に関する知識（金融リテラシー）を身につけ、本当に市民・地域・日本に必要なヒト・モノ・サービス等への投資（寄付を含む）ができていけるのならば、この日本は政府・大企業だけに頼らない、市民主導での真の経済活性化が実現していける」——そう強く確信したのである。いわゆる「ミッション」だ。この気持ちは現在もまったく変わっていない。

しかし、独立したものの現実は厳しい。サラリーマンから経営者になるにあたって、大きく変わることは何だろう。ざっといえることは

・得るもの……夢のための自由時間・精神的満足・収入増加の可能性・新たな人脈 等

・失うもの……休日・有給休暇・安定収入・退職金・失業保険・いままでの地位 等

といったところだろう。

実際、経営者になって休みらしい休みはないうえ、年収もサラリーマン時代よりは激増というわけでもない（逆に無給の場合もある）。とりわけ、**毎月の給料日は「もらう人」から「支払う人」になる**というところが、サラリーマンと経営者の決定的な違いといってよい。

しかし、それを埋める最大の報酬は、**「ミッション実現のために日々時間を投入できるという精神的満足」**だ。「強い思いの醸成」——つまり、自分自身がどれだけ、強い気持ちで会社・ビジネスをつくろうという気持ちになれるかどうかが、さまざまな試練に耐えるポイントとなる。

「1枚のキャンバスの上に、自分の世界観を表現する営みが絵画ならば、実社会の「ヒトとヒトとのつながり（＝経済）」のなかで、自分（＋社員・株主・取引先等）の世界観をBuild Upする営みが〝起業〟なのだ」とおっしゃった方がいたが、まさに自分の内から湧き上がる〝衝動〟に忠実に行動し、自分・会社・社会すべての満足の一体化を実現していく——それが**「起業家精神」**の原点なのではないだろうか？

筆者は、独立して、本当に自分のミッション（市民主導での真の経済活性化）を実現できるツール＆ビジネスと出会えた。それがこの「クラウドファンディング」なのである。

2 TFFの誕生

(1) TFFのミッション

a 始まりは「筑波大学出身経営者の会」

TFFは2015年9月24日に、国立大学法人筑波大学と共同プレスリリースをし、日本初の大学系クラウドファンディングサービスとして正式に産声を上げた。

（参考） http://www.tsukuba.ac.jp/wp-content/uploads/201509291038.pdf

2010年に日本政府から発表された「新成長戦略」や、文部科学省が発表した「イノベーション促進のための産官学連携基本戦略～イノベーション・エコシステムの確立に向けて～」といった指針をもとに、多くの大学が研究・教育活動から地域連携・産業創出・自主財源確保へと機能拡張を求められるなか、筑波大学としても多くの取組みが行われることになった。そのなかの1つとして、「筑波大学卒経営者を集めて何かできないか？」と思案された過程で自主的な活動から生まれたのが、以下に説明するTFFである。

TCC発表会見のようす
（左から森川氏、筑波大学 永田学長、インテル 吉田元社長）

２０１２年5月に筑波大学基金事業室（現連携・渉外室）の呼びかけに伴い集まった「筑波大学出身経営者の会」を母体として、筑波大学の学生支援、特に学生起業家育成、イノベーション・エコシステム構築を目的として、13年5月に筆者を含む経営者数名は任意団体「筑波みらいの会」を設立、活動を開始した。

翌年２０１４年7月には「筑波みらいの会」理事である森川亮氏（ＬＩＮＥ株式会社元社長、現Ｃ Ｃｈａｎｎｅｌ株式会社代表取締役社長）を中心に、大学と連携して3日間にわたる学生起業家養成キャンプ「筑波クリエイティブ・キャンプ（ＴＣＣ）」を運営（15年度からは森川亮氏を筑波大学客員教授として招き、正規授業化）する実績をつくった。

一方、ＴＣＣの準備と並行し、筑波みらいの会では「ＴＣＣでたくさんの起業プランが集まっても、それをかたちにするための資金がなければ、絵に描いた餅となってしまう。ＴＣＣで発表されたプランをかたちにするための資金を集めるような仕組みができないだろうか？」と検討が始まり、筆者の提案によって森川氏も理事になっていただき、クラウドファンディング事業を検討することとなった。すなわち、ＴＦＦはＴＣＣと両輪となるべく、次の施策としてＴＣＣ後に本格的準備が始まったのである。

b　日本初の大学系クラウドファンディングＴＦＦへ

ところで「なぜ、購入型クラウドファンディング事業に取り組んだのか？」といえば、それはスタートアップの資金調達に適した方法だからである。現在、政府は開業率（4・6％）を欧米並み（10％台）にアップさせようと、起業支援のさまざまな施策を打っている。しかし、なかなかアップしない最大の理由がある。

それは、スタートアップではまだどうなるかわからない事業（どんなに立派な事業計画書があっても）について、必要な資金の大半を連帯保証付きの借入れ（個人保証）に頼らざるをえない、のが日本の実情だからである。これだと、事業に失敗すれば、連帯保証人の個人に借金が残ることになり、再チャレンジする機会を奪うことになる。それでは、開業と廃業の新陳代謝が起こるはずもない。

これに対して連帯保証人制度のないアメリカでは、「儲からないならさっさと畳んで新規事業を起こそう！」というのが当たり前であり、さらに失敗しても「彼（彼女）はチャレンジした！」という前向きな評価をする文化がある。

クラウドファンディングの運営方法としては、①レディフォーのような**大手オールラウンド型サービスを利用する**、②ＦＡＡＶＯつくばのような**地域特化型サービスと提携する**、③新しく**大学特化型のサービス事業を立ち上げる**、という3つの選択肢があり、それぞれ検討を行った。その結果、筆者たちの目指すのは量的拡大ではなく、「アイデアを語る学生たちの夢をハンズオンでカタチにしていく」という質的充実であると再確認したうえで、起案者（資金調達者）・支援者（資金出資者）が最も少なくなる可能性があり、経営的に厳しくなることを予想しつつも、最もふさわしい道と信じる③——ＴＦＦの設立——を選択することにしたのである。

購入型クラウドファンディングでの資金調達は基本的に「寄付」の性格をもつもので、

図表7－1　TFFのモデル「筑波大学を愛する人がワクワクする未来に投資する」

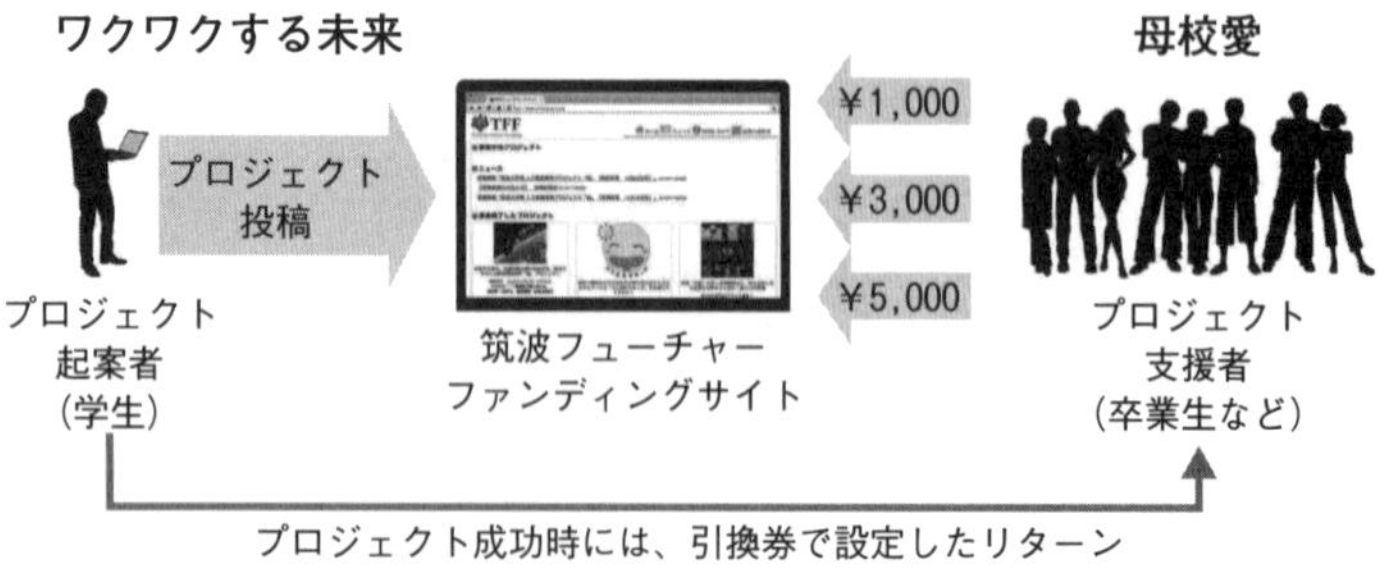

起業に失敗しても返済しなくてよい。だからこそ、スタートアップの資金調達にクラウドファンディングが適していると
いった意味をご理解いただけたと思うが、事業に失敗して返済しなくてよいといっても、まだまだ日本では資金出資者にその理解が進みにくいと考えるべきである。

ＴＦＦは、スタート時点から起業家（資金調達者）も投資家（資金出資者）も基本的に実在性等で安心できる筑波大学関係者で行う（外部に門戸を閉ざしているということではない）。それは、ネットによる〝本当の顔がみえにくい者同士〟で行う資金調達の前に、リアルな大学関係者で行うことによって、起業家も投資家も先輩後輩の立場でお互いの責任感をもちつつ、協力し合えるというメリットがあると考えたからである。

そして、「起業を志す学生・研究者などに対し、プロジェクト・事業資金提供を〝クラウドファンディング〟の仕組みで実施すること」――日本初の大学系クラウドファンディングＴＦＦ――の未来に向けた挑戦がここから始まった（図表７―１参照）。

⑵　すべてが手づくりのトライ＆エラー（リーンスタートアップ方式）のスタート

２０１４年５月２日、筑波みらいの会から理事４名（筆者、森川、斎藤隆司、福田成康各氏）、資金の分別管理（顧客と自己）の徹底が要求される会計業務および事務所担当に吉田公認会計士（アリベルタ会計事務所代表）、ＴＣＣでも活躍してくれた染谷悟氏が集まり、ＴＦＦは一般社団法人を採用し（経営支配権不要なので株式会社は不採用）、登記・設立する運びとなった。しかし実際は、ここからが苦難の始まりだった。

ＴＦＦは利益を優先しないＮＰＯ的な性格を有し、参加メンバーはすべて本業を別にもつ。メンバーのボランティアかつ各自負担になりすぎないかたちでやろう、という方針をとった。大学との関係は、ヒト・モノ・カネ以外での支援をいただくという独立した組織であり、まさにエンジニアはゼロ、出せる資金もゼロという〝ないない尽くし〟からサイトづくりは始まった。

ところで、なぜ資金も用意しないで始めたかというと、大学クラウドファンディングウェブサイトを始めてもニーズがよくわからなかったためだ。事業経営なら、通常、事業計画書・資金計画表などが定番であるが、TFFでは異例の計画書なしでスタートした。それは**リーンスタートアップ**といい、「未完成サービスのままでできるだけ早く市場に投入し、利用者の声（ニーズ）を素早く拾い上げ、即座にサービスに反映していきながら、サービスを完成させていく」方法をとったからである。実際のニーズが乏しければ撤退しようとも決めていた。コストはかけずにまずは小さくできることからやっていった。

しかし、立ち上げて動き始めるとどうだろう、運よくメンバーの知り合いのエンジニアに協力してもらうことができ、2014年11月にはβ版サイトが立ち上がり、1つ目のプロジェクトを掲載することができたのである。しかし、外からは順風満帆の船出にみえたものの、内実はクレジットカード決済機能の整備が遅れたことから、支援者（資金出資者）はすべて銀行振込みで送金する必要があり、クレジットカード決済が当たり前となったクラウドファンディング業界としては時代遅れのシステムであった。

起案者（資金調達者）サイド（学生）については、ファンディングをしたいという案件

図表7－2　地道なファンディングスタイルで支援したスタート4案件

（TFFの力不足でアグリユースはファンディング失敗）

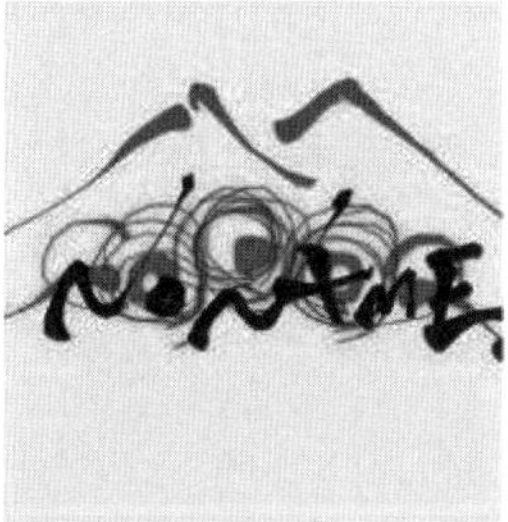

「学生YOSAKOI」企画チーム“No NAmE.”迫力満点の100名演舞で大学をアピールしたい！
2015年3月7日サクセス達成！

稀代のクリエータが取り組む
「動画自動生成エンジンの開発」
2014年11月12日サクセス達成！

筑波大学と地域をつなぐ
「ボランティアフェスタ2014 in筑波大学」を開催したい！
2014年12月12日サクセス達成！

学生農家が取り組む
「規格外野菜」ビジネス

（人）はすぐに運よく何件（名）か見つかった。しかし、支援者（資金出資者）サイド（卒業生）については、知名度的にもシステム的にも、一般募集した時点で銀行振込みでも支援したいという方がなかなか見つからなかった。そこで、起案されるごとにＴＦメンバーの知り合いに1人ずつ電話やメールで支援をお願いし、協力してくださる卒業生や先生に銀行振込みをしていただくことで、１つずつプロジェクトの目標金額をクリア、サクセスさせていったのである。「クラウド」という言葉とはかけ離れた手作業の地道なファンディングが実態であった。

図表7－2は、こうした地道なファンディングスタイルでスタートした4案件のイメージ画像である（この際、38万円と最も募集金額の大きかったアグリユースという案件は、ＴＦの力不足もありサクセスできなかった）。

このように地道なファンディングを進めつつ並行して、クレジットカード決済ができるよう、さまざまな決済会社と交渉を重ねたが、審査がなかなか進まないケースや、審査が通っても決済機能のサイト実装がむずかしく手数料も高くなってしまうケースもあり、八方塞がりの状態で半年が経過した。

3 ＴＦＦの展開

(1) ＴＦＦを変えた2つの転機

a システム強化

スタートして1年3カ月が経った２０１５年8月5日、開発者向けクレジットカード決済サービスの**WebPayから審査合格**の通知のメールが届いた。エンジニアとしてＴＦＦに加わってくれていた三上俊輔氏は「これでまともなサイトがつくれる」と意気込み、8月末までにサーバー入替え、決済周りの機能実装とテストまで行い、クレジットカード決済ができるサイトへと変えてくれた。その後3週間でデザインも一新した。時間がかかったものの、ＴＦＦの地道な活動が評価されたのである。

b 知名度アップ

２０１５年8月29日、今度は筑波大学広報部から新生ＴＦＦサイトの共同プレスリリー

図表7－3　通常のクラウドファンディングスタイルで支援した4案件

（やっと支援者が集まるサイトに成長した）

ス日が9月24日に決定したと連絡があった。クレジットカード決済が可能となり、〝まともな〟クラウドファンディングのサイトとなったTFFを、より多くの卒業生や一般の方に伝えたいという思いから**筑波大学との共同プレスリリース**が実現した。

システム面・知名度面で大幅な改善をみせたTFFは、起案者（資金調達者）と支援者（資金出資者）双方が集まるサイトに成長し始め、個別連絡をしなくとも起案者が集まり、思いを込めた記事を掲載できれば支援者が集まってくるスパイラルにようやく入りつつある（図表7―3参照）。TFFにとって大きな転機となった2つのイベントであった。

(2) 支援者（資金出資者）が集まってきた理由

現在、TFFはようやく通常のクラウドファンディングウェブサイトとして運航を始めたばかりの運営者である。そして、ゼロスタートから起案者（資金調達者）・支援者（資金出資者）が徐々に集まるようになった理由として、必要最低限のシステムや知名度（信頼性）といった面を整備する以外に、大学系特化型として大切だと実践的に気づいた2点があるのでお伝えしたい。

a プロジェクト案件をメディアで取り上げてもらうこと（情報との接触点）

さまざま試していくなかで、卒業生をメインターゲットとしてメッセージを発信するにしても、やはりメディアを通じて広報していくということが信頼性と拡散力の点で効果的だとわかった。筆者たちは2015年9月24日のプレスリリース時からPR TIMES、

図表７－４　PR TIMES社のスタートアップチャレンジ

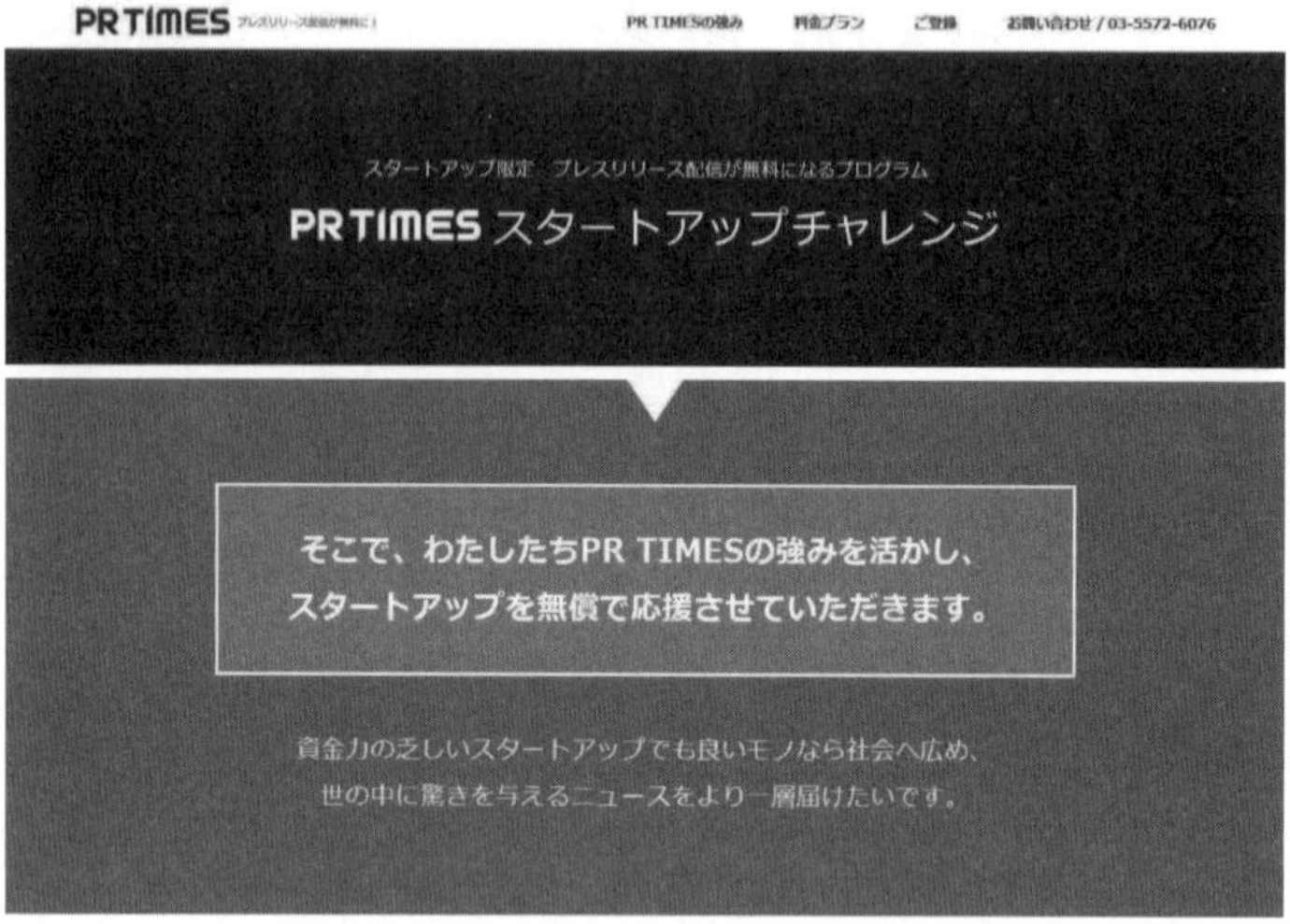

Value Pressという2社のＰＲ企業を起用し、できる限り無料でＰＲを打つことにした。

①「PR TIMES」

スタートアップチャレンジという制度があり、条件をクリアできれば2年間、毎月3万円のＰＲ支援サービスを行ってもらうことができ、各メディアへメール等で広報してくれる。ウェブメディア1、2件でだいたい取り上げてもらえるので、そこから一般の方にある程度情報が拡散されるほか、運がよければメジャーメディアからも取材を受けられる。めぐりあえた記者の方とは次の案件時などに継続的に連絡をとっていくことで、掲載の可能性を上げていくことができる。

② 「Value Press」

無料で使えるＰＲの雛型が１００種類そろっており、ＰＲ初心者でもＰＲの打ち方がわかる。また、毎月何度でも無料でＰＲを打つことができるほか、英語でＰＲを発信することもできるため重宝する。また有料でＰＲを出した場合、記事が掲載された媒体などを突き止めることができ、効果測定がしやすいため、ここぞというときに利用したいサービスである。

この2つのサービスでＰＲをすることにより、明らかにサイトへの流入量が上がり、情報へ接触してくださる方が増えたので、クラウドファンディングを運営者・起案者として活用する際には、メディアへどのようにメッセージを発信してもらうか意識していただけると、多くの方にメッセージが伝えられるようになると思う。

さらに、新規メンバーの常間地氏の活躍により、ＴＦＦは**地域メディア**である「常陽新聞」「茨城放送」などと業務提携を行い、より多くの学生・研究者の夢や企画を取り上げていただける関係づくりを行っている。

b　クラウドファンディングの呼びかけを「知っている人からのメッセージ」にすること（親近感）

筆者自身もそうだが、何かのメッセージをみたときに「そうなんだ（受動的）」で終わるか、「何かできないか（能動的）」になるかには大きな違いがある。それを分ける境界線は、「メッセージの発信者と少しでもかかわりたいと思うかどうか」である。

ＴＦＦでは部活やサークルの方が起案した場合、メディアの記事や起案者のＳＮＳでの投稿をみて、その部活やサークルの卒業生に多く支援してもらい、記事をシェアして他の卒業生に伝えてくれることが多い。これは自分たちとかかわってはいなくとも、自分たちの後輩という意識が強いため、自分のこととしてとらえてくださる方が多いからだろう。そういう点から、自分たちの部活やサークルの先輩を意識したメッセージも込めていくことが必要だと思う。これはＴＦＦの特性でもある。

最近取り組み始めた要素として、著名な大学の卒業生でプロジェクトに関係する方から応援メッセージをもらう、という試みがある（図表7－5参照）。1回目はＮＨＫやＴＢＳで活躍するお天気お姉さんの井田寛子さん、2回目はサッカー元日本代表の井原正巳さんに応援メッセージをいただいたが、メディアの取上げ方が変わってくる以外にも、ＳＮＳ

図表7－5　著名な卒業生による応援メッセージの例（井田寛子さん）

「結」プロジェクトのクラウドファンディング募集にあたり、
本学卒業生で在学中は宇宙化学研究室にも所属されていた
NHKのお天気お姉さん 井田寛子さんから応援メッセージを頂きました。

夢のあるすばらしいプロジェクトですね。

空を相手にして仕事をしている私としては、母校がこのような挑戦をすることをとても誇りに思います。

宇宙は計り知れない謎の塊、夢の塊です。

その宇宙と私たちを結んで、何ができるのか？考えるだけでもわくわくしますね。

ぜひ夢を形にしていただきたいと思います。

まさに「結」はそれを成し遂げられる希望を秘めています。

筑波からはばたく結！応援しています！

井田　寛子

での記事シェアが1桁変わってくるという大きいインパクトが生じたのだ。

クラウドファンディングとSNSは密接な関係があるが、SNS上では皆が「いいね！」をしてくれるか否かが投稿の基準になることが多いので、マイナーな取組みを応援している人というイメージよりも、みんなが知っているこの人の企画を応援している、というほうが圧倒的にシェアしやすいからだと考えている。

4 ＴＦＦの未来

(1) ＴＦＦが目指すもの

ここまで、ゼロから出発したＴＦＦが立ち上がり、通常のクラウドファンディング事業に近づく過程でどのような挑戦・失敗を繰り返してきたか、という赤裸々なエピソードを語ってきた。本項では足元が多少固まりつつあるＴＦＦが今後、どのようなビジョン（施策）を広げ、仕掛けていこうとしているか未来の姿を語り、クラウドファンディングのおもしろさを伝えたいと思う。

a 大学系イノベーション・エコシステムの構築（施策その1）

ＴＦＦの事業が立ち上がるなか、昨今は日本でもスタートアップブームは盛り上がっており、ハッカソン（ハッカーとマラソンの合成語）やビジネスコンテストなど「起業（課題解決）アイデアを提案する機会」というものが目にみえて増えてきている。

図表7－6　日本の購入型クラウドファンディング主要サイトの単月支援額の推移

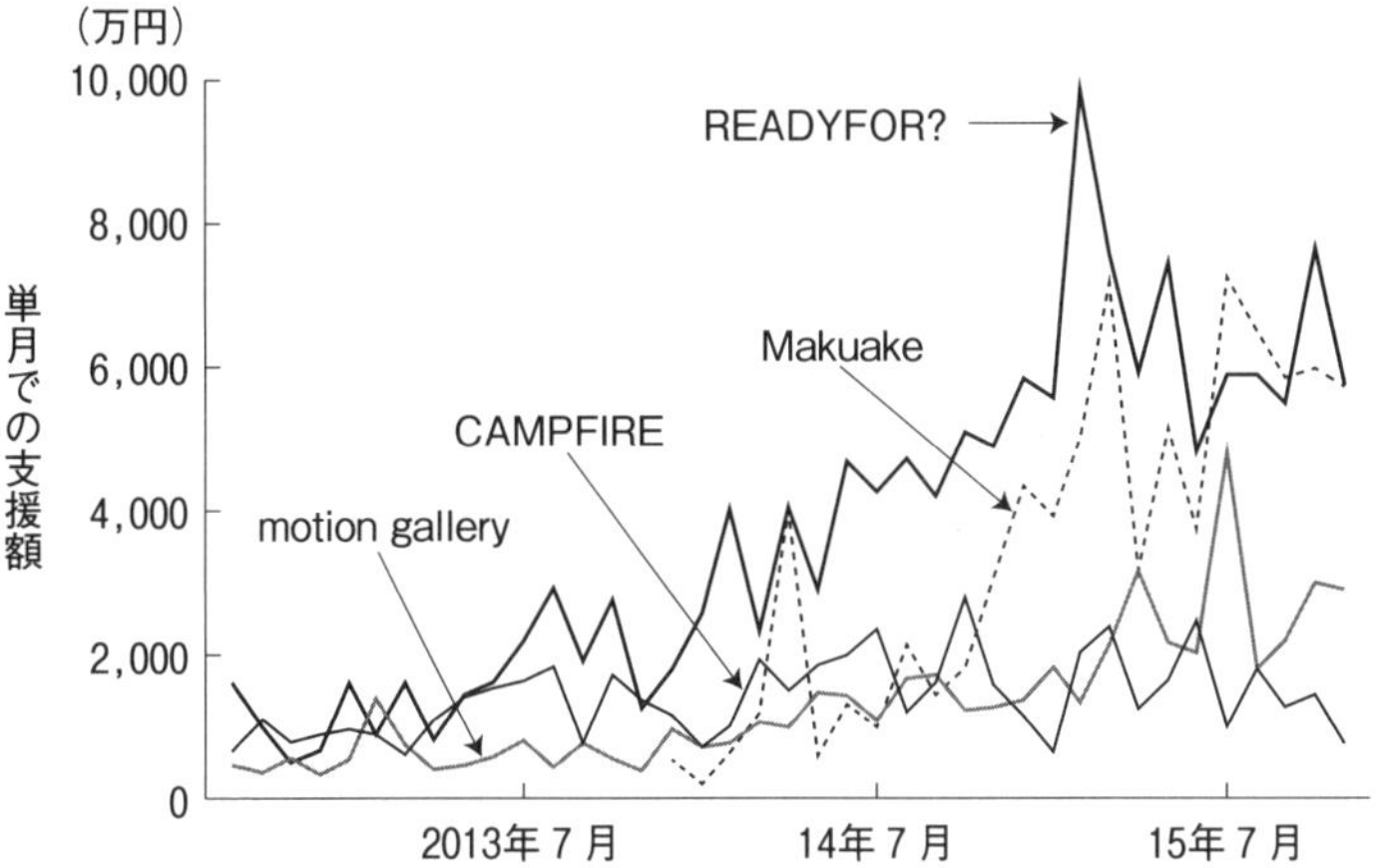

（出所）　visualizing.infoより

つくばでも、世界的な起業イベントStartup Weekend（アメリカのシアトル発110カ国500都市で開催）が2015年10月16日に開催されたり、東京の著名ＶＣであるEast Ventures・Skyland Venturesが仕掛けるSkyland Ventures Campusが10月28日に筑波大学で開催される等、ブームの渦中にあるといえるだろう。

また、アイデアをかたちにするための「資金募集」を、クラウドファンディングで行うことは日本全体でも徐々に増えており、支援額／月は順調に増加している（図表7－6参照）。今後もこの傾向が強まることは、本書で

図表7－7　大学イノベーション・エコシステム（大学発ベンチャーの創出）の状況

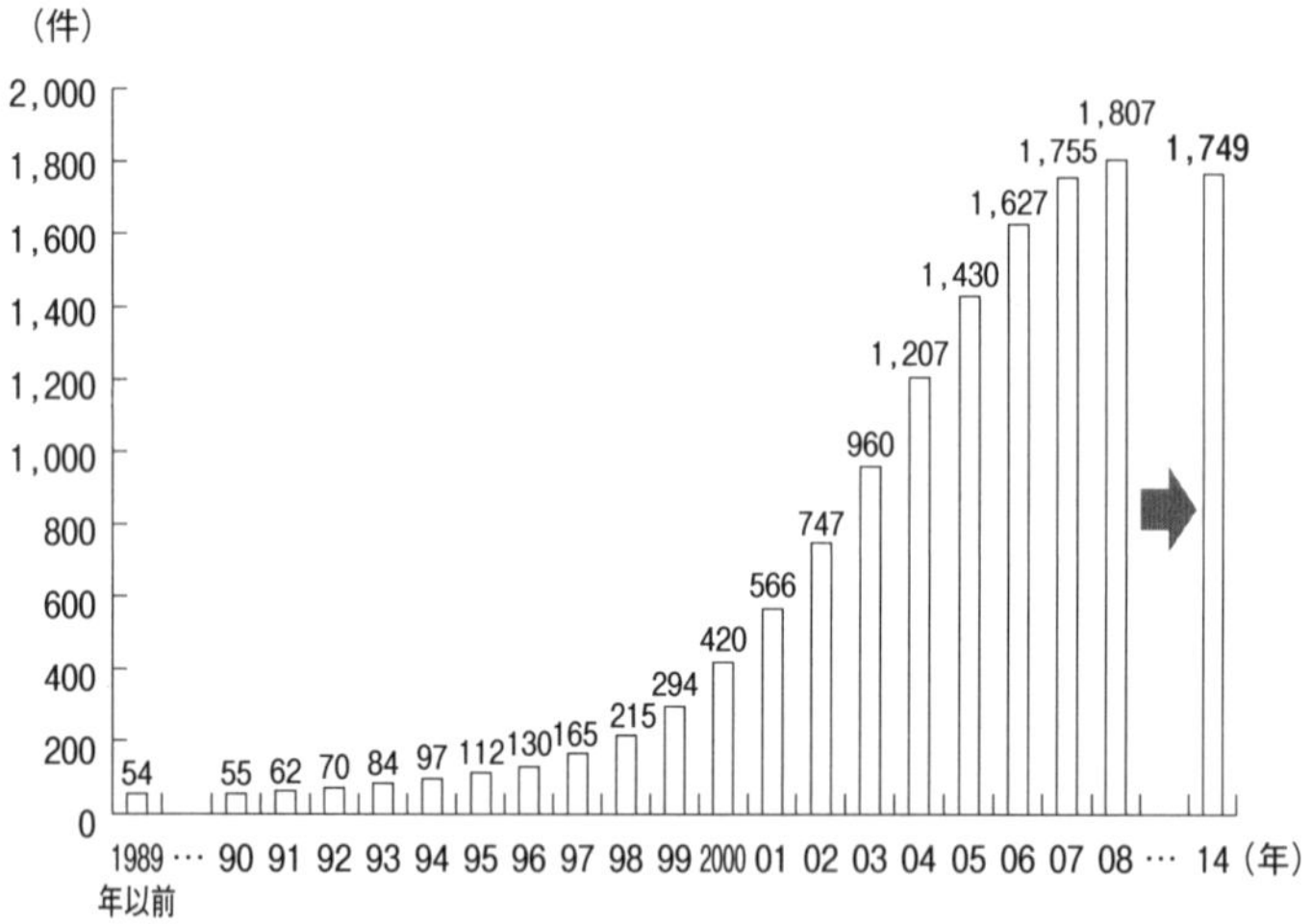

（出所）　経済産業省「大学発ベンチャー総数調査」（2015年４月10日）

もすでに述べたとおりである。

一方で、ＴＦＦがそもそも主眼に置いていた研究から産業へという大学イノベーション・エコシステム（大学発ベンチャーの創出）の状況になると、足踏みしている状況が続いている（図表７－７参照）。

日本中、そして大学でもアイデアが生まれ、クラウドファンディングで資金を募る動きは出てきても、大学において実際のモノやサービスなど継続的なアウトプットを創造する段階との間になんらかの壁があると考えられる。大学発ベンチャー数を伸ばすためには、この壁を乗り越える「アイデアを語って終わりでなく、継続的なモノやサービスをつくるところまで背中を押す」道を用意するサービスが求められているのではないか、と考えている。

ＴＦＦでは、クラウドファンディング後の「モノづくり・サービスづくりまで背中を押す」１パッケージプログラムで、イトーキをはじめ６つの企業と業務提携を結び、準備を開始した（図表７−８参照）。

【パッケージプログラムの流れ】

ＴＦＦでクラウドファンディングを実施し「世の中から求められている」と感じられた事業に関して、以下の**支援プラン**を**提供**する。

① 提携先のライトアップ社が実施する助成金・補助金取得支援サービスを提供。
　１００万円単位の開発資金の取得を行う。

②「事業内容がソフトウェア・アプリづくりの場合」上記①で得た資金を利用して、日本初のアウトソーシングサービサーであるランサーズ社に**ソフトウェア開発アウトソー**

・エコシステム（抜粋）

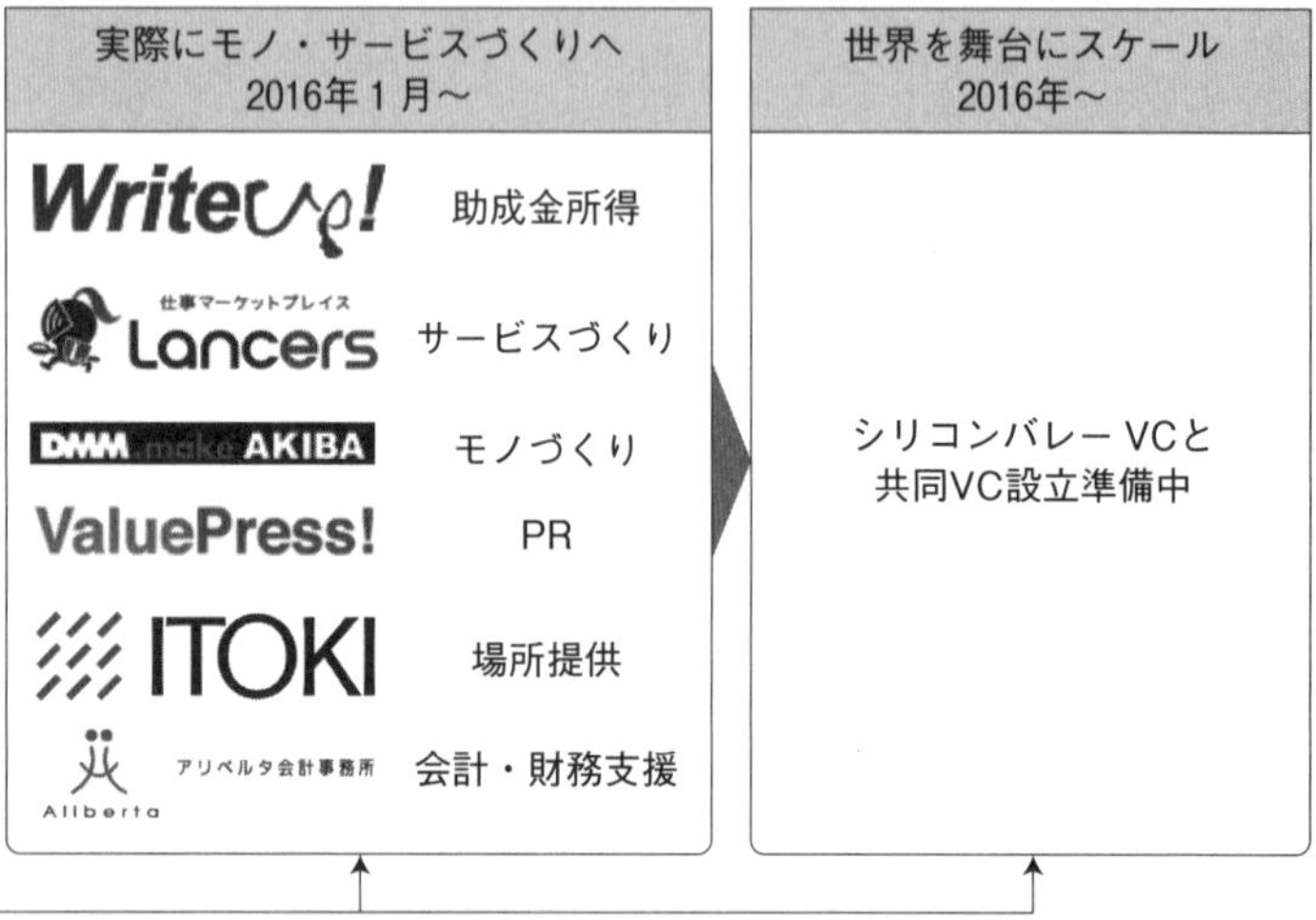

シングを行い、サービスをリリースする。

③ 「事業内容がモノづくりの場合」上記①で得た資金を利用して日本最大級のモノづくりプラットフォームであるDMM.make.AKIBAに**ハードウェア開発アウトソーシング**を行い、プロダクトをリリースする。

④ サービス・プロダクトリリースの際は、日本最大のPRプラットフォームであるValue Pressから

図表7－8　TFFが構想する筑波大学・つくば研究所発イノベーション

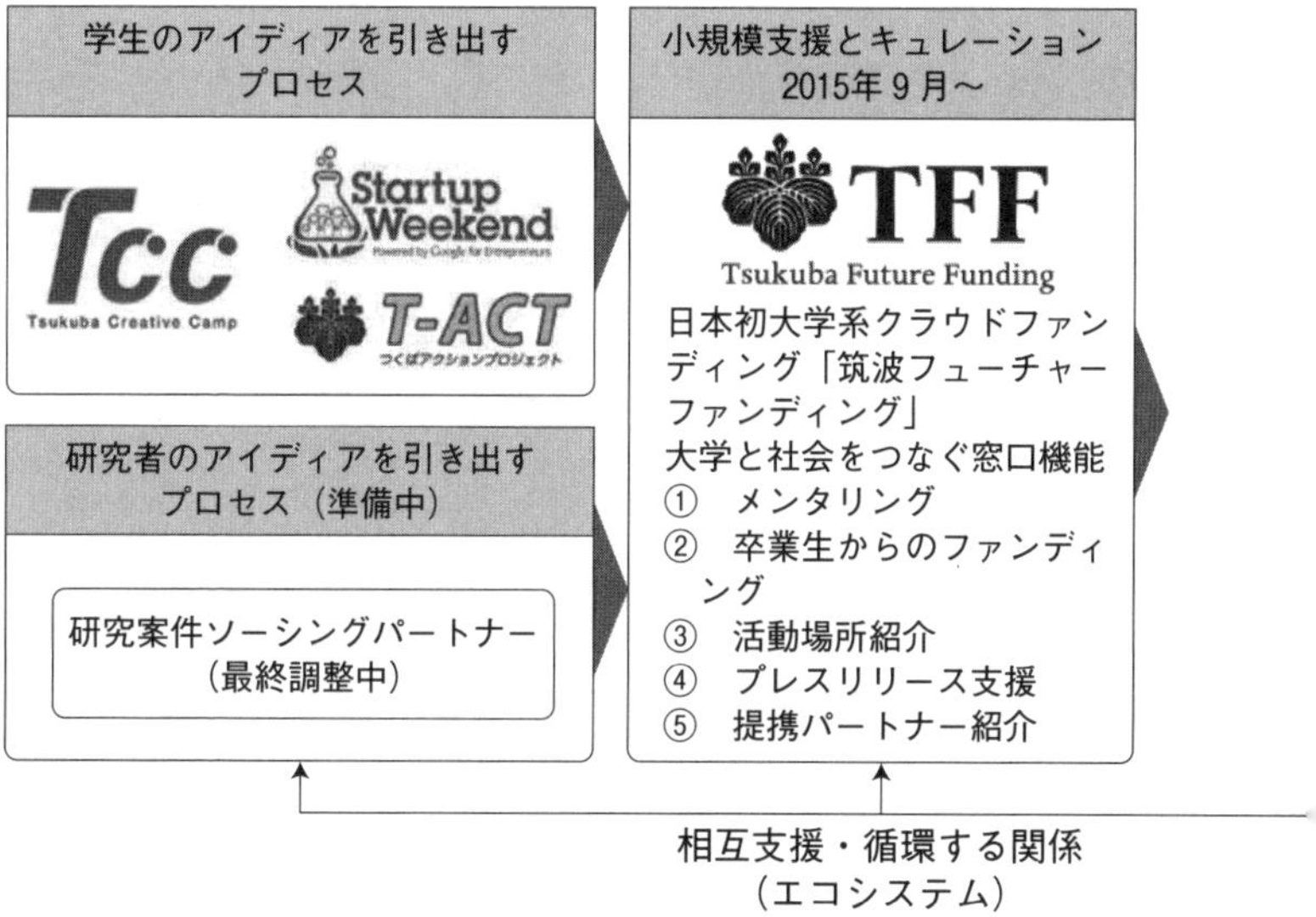

プレスリリース支援を行う。

⑤　東京で営業活動を行う場合、イトーキ社が東京駅前に構えるイノベーションセンターSYNQAで**ミーティングや作業の場所を無料で提供**する。

⑥　会社設立後、アリベルタ会計事務所が**会計・財務のサポート**を行う。

以上のパッケージプログラムは、

図表7－9　TFF記者会見（2016．2．17）にて事業提携各社代表と（左端が筆者）

2016年2月17日のTFF単独記者会見で発表され（図表7－9）、同日夜、テレビ東京のWBS（ワールドビジネスサテライト）で取り上げられるほど、注目される内容となった。

(2) 大学系イノベーション・エコシステムの構築（施策その2）

TFFは現在、モノやサービスをリリースし、会社を登記し、事業が軌道に乗ってきたスタートアップが活躍のフィールドをすぐに世界へ移せるように、**シリコンバレーのベンチャーキャピタル**と大学系ベンチャーキャピタルの設立を構想している。

大学系ベンチャーファンド（ＶＦ）は、投資該当案件発掘や投資後の事業化・経営支援など難易度が高い課題があり、その運営は容易ではない。しかし、大学に眠れる宝（特許・研究など）があることは魅力であり、企業価値が10億ドルを超える**ユニコーン企業**が生まれる土壌があることは事実である。

ＴＦＦとしては、官製大学ファンドに頼ることなく、自力でシリコンバレーＶＣと組み、つくば・日本の起業家をもっと海外にアピールする機会を創出したい。またシリコンバレーのベンチャー企業・投資家・ＶＣなどと相互交流やつくば・東京での**マッチングイベント**も開きたいと考えている。

クラウドファンディングとベンチャーファンドの組合せは、ベンチャー企業にスタートアップ＆成長資金を供給する**新たなインフラ構築**の試みであり、ＴＦＦ経営にＶＦ運営フィーから収益をもたらし、「稼ぐ力」をつけることになる。

⑶　研究所・他大学・地域創生への展開（施策その3）

ＴＦＦがつくりあげようとしているイノベーション・エコシステムは、筑波大学の学生・研究者のみを最終的に対象としたものではない。「筑波大学を愛するものがワクワクする未来に投資する」という理念・キャッチフレーズをつくる際に考えたのは、「私たちは筑波大学だけでなく、より多くの研究所・他大学・地域などに眠るワクワクする未来にも投資できる団体でありたい」「つくりあげたい未来は筑波大学に閉じないかたちにしたい」「つくばから日本・世界全体へ広げたい」という最終ミッションである（奇しくも筑波大学も〝開かれた大学〟というキャッチフレーズを建学の理念に織り込んでいる）。

そのため、紹介したイノベーション・エコシステムの施策が実行された際は、研究所や他大学・地域といった眠る資源から事業・産業を興そうというプレーヤーと組み、彼らがかかわるビジネスコンテストやハッカソン、クラウドファンディングなどと組んでいき、日本全体が緩やかにつながることで世界を目指す、そんなイノベーション・エコシステムをつくっていきたいのだ。これが、ＴＦＦがさらに上を目指す構想＆タスクである。

⑷　世界の「大学特化型クラウドファンディングＴＯＰ５」ランクインを目指す！

「世界の大学特化型クラウドファンディングサイトＴＯＰ５！」に、日本初の大学系クラウドファンディングとしてＴＦＦが掲載された（https://academist-cf.com/journal/?p=566）。

ＴＦＦは現在、８プロジェクトを扱い、今後は質的充実を最優先にしつつも、毎月１件以上の掲載・サクセスを目標としており、第５位のテキサス大学の24プロジェクトを抜いて２０１７年末までにベスト５入りという目標をもちたいと考えている。

なお、サイトの英語（一部試験的に実行ずみ）・フランス語・中国語（中国は現在、米国と並び世界のフィンテック・クラウドファンディング市場の二大エンジンである）表示を将来的に行えれば理想である。日本の起案者が世界のクラウドと出会う機会を提供することができるようになるのだから。また、世界各地から来る大学の留学生たちにも、ぜひＴＦＦの利用をしてもらいたいと考えている。

5 筆者のＴＦＦの運営方針五カ条

(1) プレーヤーよりはサポーターに重点

① チームが**最大限力を発揮できる環境**をつくりあげることにできうる力を尽くす。

② チームが筆者（他の理事を含めて）に遠慮することなく**自由に発言し行動**できるように心を砕き、**失敗してもこれを将来の糧**ととらえ、サポートする。

……**「レジリエンス」**という「抵抗力」や「復元力」などと訳されている表現があるが、失敗がもたらすマイナスの衝撃をいかにプラスの成長力へと変換できるか、が重要である。

③ 目の前の難関・問題が発生したら、その原因を特定して改善を導く手段・方法をともに考え、チームがいち早く突破し、次の問題に取り組むことができるよう尽くす。

④ 見事、企画・アイデアを実現したら称賛し、心から**「ありがとう」**を伝える。

⑤ チームで最も責任あるリーダーのポジションにおり、チームのとった行動の全責任は

筆者が負う。

(2) まとめ――「つくば」とともに!

以上、少し誇大気味に構想を公開させていただいたが、TFFが目指す姿への道のりはまだ遠く、足元もまだまだ固まっていない状況だ。しかし、一つひとつの起案者(資金調達者)の夢をかたちにしていくことの先には、必ず目指す姿が待っていると感じる。

本章では、クラウドファンディング業界の弱小勢力ではあるが、当事者としてかかわるなかで明確になった運営者としての大変さと、その先に広がる「たくさんの夢と出会い、First Followerとして支援できる」おもしろさの一部を読者にお伝えすることができたと思う。そして、これからもTFFを支えてくれる素晴らしい仲間と意欲ある人々の夢を実現できるお手伝いを広げていきたい。

＊　＊　＊

最後に「つくば」に目を向けると、2016年現在、建設53年目の研究学園都市、そして開学42年目の筑波大学の真価が問われている。問われるべき真価とは何か?　それはいうまでもなく、つくば発の科学・技術のイノベーションおよびその人材育成のグローバル社会への展開、である。あるべき論の議論は活発で目指す道は明確だ。しかし、現実はまだまだ厳しい道を歩んでいる、といわざるをえない。

ＴＦＦはゼロからスタートし、まずは行動した。そしていま、市民一人ひとりや関係者に求められているのは、**「失敗（リスク）をおそれず、まずはやってみよう！」**という姿勢ではないだろうか？

「つくば」のポテンシャルは、限りなく大きい。しかし、行動しなければ変化は起こせない。それを顕在化させることが、日本のリーディング科学・技術地域として課せられた最大のミッションなのではないだろうか？　ＴＦＦがこのミッションに少しでもお役に立てるなら本望といえるだろう。

コラム　クラウドファンディングとフィンテックの衝撃

最近、フィンテック（FinTech）についての話題が増えてきた。FinTechとは、Finance（ファイナンス）とTechnology（テクノロジー）を掛け合わせた造語で、「ＩＴを使ったお金にまつわるツールやサービス」の総称である。近年は、特に金融テクノロジー領域のベンチャー企業やそのイノベーションを指して使われることが多い。

本書のプロローグでも触れたが、クラウドファンディングの例にみられるように、筆者は以下のような現象こそ、「金融業界ご都合主義」を根底から変革するパワーの台頭であると感じている。

世界では、ＩＴを活用して既存産業のバリューチェーンや既存市場を破壊し、新たなサービスが生まれることをDisruptと呼んでおり、近年ではさまざまな産業で起こっている。金融業界は規制業種であり、Disruptすることが困難な市場であったが、この10年で次頁の図に示されているように、フィンテック分野への積極的な投資を通じてさまざまな新しいサービスが生まれてお

図表　金融業界のDisrupt

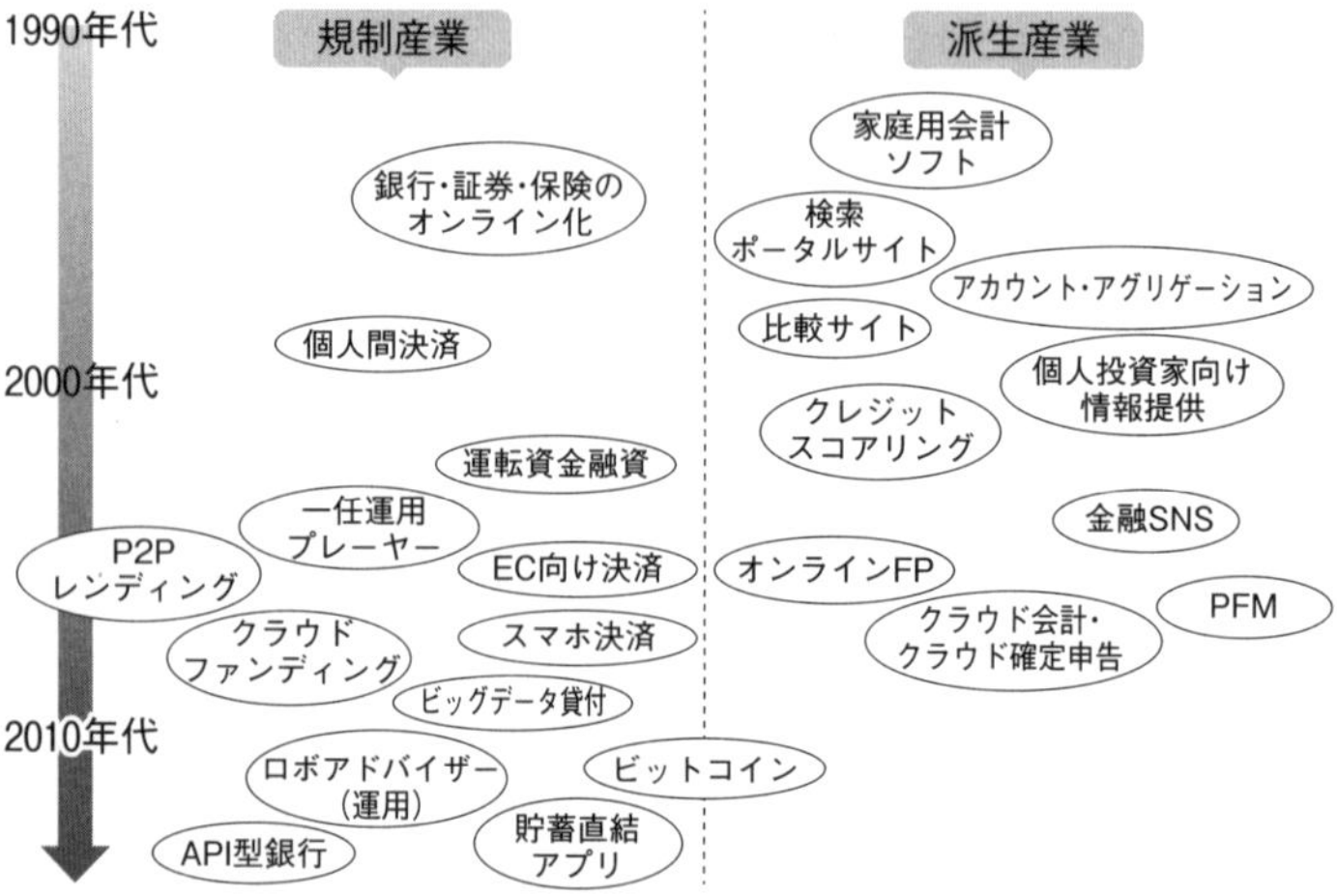

り、遅ればせながらＩＴによる革新の波が押し寄せてきている。そしてフィンテック分野の新興企業への投資は世界規模で拡大しており、そのことが既存の大手銀行・企業の危機感に拍車をかけているのである。

　フィンテック企業は、預金、融資、為替取引（資金移動）、決済といった、銀行が従来独占的に扱ってきた業務を、安価・迅速かつ柔軟な革新的なサービスを武器にして、伝統的な銀行から奪おうとしている。

　さらには、資金管理ツール、投資顧問、投資助言、トレーディング、フィナンシャルプランニング、パーソナル・フィナンシャル・マネジメント（ＰＦＭ）、保険、データ分析、サイバー・セキュリティ、電子認証、電子通貨といった種々の金融分野およびその関連分野において、伝統的な金融機関や証券・投資会社では実現することがむずかしい業務革新を非常に速いスピードで行い、新しいサービスを展開している。

つまりは、本書のクラウドファンディング運営者もその一例であり、銀行、証券、保険、ベンチャーキャピタル、といった伝統的な金融事業を確実にDisruptしつつある存在なのである。

上記の状況を受けて、各国政府および国際機関は、フィンテックの観点から、金融機関の事業のあり方、金融機関と他業種との関係、金融サービス市場の構成およびこれに対する規制方法等に関して積極的に議論している。もちろん日本も例外ではなく、金融センターとして将来的にも世界で意味のある存在であり続けるため、フィンテックについての検討が始まっている。金融庁が2015年9月に金融審議会で、また競うように同年10月に経済産業省がフィンテック研究会でフィンテックの普及に向け動き出しており、政策面からも重点事項となってきた。

調査会社CB Insightsによれば、フィンテック分野のベンチャー企業に対する投資額は、2014年には122億ドルと、前年の3倍以上に増加している。日本の金融業界も今後、ITの技術革新によるビジネス環境の変化と規制緩和の動きをふまえ、新しいものを拒否せず、積極的に受け入れて既存業務といかに融合させられるか、そして創意工夫による他社・他行との差別化をこれまで以上に図れるか、真の生き残りをかけた競争がいま始まろうとしているのである。

今後はフィンテック分野の動きには目が離せない。と同時に、日本系フィンテックベンチャーの活躍を期待したいものである。

エピローグ

本書を最後まで読んでいただき、まずは読者の皆さんに感謝申し上げたい。

ご感想はいかがであっただろうか？

本書は、拙著『次世代ファイナンス　クラウドファンディングで世界を変えよう！』（ジャムハウス、2014年8月）に続く、主に金融パーソン（金融業界で働く方々）を対象として、クラウドファンディングをややマクロ的（第7章はミクロ・実践的）視点で解説した第2弾の書籍である。

クラウドファンディングは、現在進行しつつある「フィンテック革命」（コラム「クラウドファンディングとフィンテックの衝撃」参照）のなかでも最も注目される分野の一つである。今後、さまざまな異分野から金融事業に参入する企業が現れることが予想されるなかで、金融機関のライバルはもはや同じ金融村の住人だけではなくなってきている。そこで、本来の主力プレーヤーである金融パーソンにあらためてクラウドファンディングの考え方および最前線を知ってほしいと思い、執筆したのが本書である。

2014年にジェイミー・ダイモン氏（JPモルガン・チェースCEO）は、金融業界の近未来のライバルはグーグル、アップル、アマゾン、フェイスブックといったIT・ネット業界強者である、と予言した。銀行サービスの本丸といえる「貸付」「決済」分野において、すでに侵食されているという危機感は、いまやアメリカの銀行業界では共通の認識だ。

このアメリカをはじめとした世界的な潮流に、日本も無関係ではすまされない。金融パーソンにとって、自分たちの価値はどこにあるのか真剣に再考し、自らの存在感や21世紀の金融のグランドデザインをあらためてしっかり提示する時期が来た。ただし、これは経営陣がいくら声高に唱えても、現場レベルから意識改革をしなければ本物とはいえないのはいうまでもない。

これまで金融庁・金融機関は、金融の基本は顧客・消費者保護にあり、「信用・安心・安全」の旗印のもと、規制・手続重視のスタンスを貫いてきた。もちろん、それは金融業の発展につながってきた重要な要素である。しかし同時に、そこには金融サービス供給者（銀行）の論理が支配的であり、金融機関の収益が第一優先となってきた面があったことは否めない。

21世紀の金融を展望すれば、国民・消費者の判断能力を信用しない（金融リテラシーが低い）という前提での全面的な顧客・消費者保護主義は明らかに転換点を迎えている。これからは、金融の新しい「信用・安心・安全」のかたちで、消費者にとって使いやすく価値あるサービスが求められている。そのためには、資金調達する事業者にも資金供給する個人にも金融リテラシーの向上（金融投資教育）が必須だ。政府や銀行にすべてを任せず、消費者が自分の頭で考え判断して行動する「金融民主主義」の成立〜発展が必要だと思う。

このことは、国家的見地からも重大なテーマである「マネー」と「情報」という重要な2つのインフラを充実させる底力になる。その点、クラウドファンディングの進展はまさに「金融民主化の成長度」の指標である、といってよい。また、同時に産業構造の非中央集権化（分散化）の促進効果があることを意味する。

あらためてクラウドファンディングが期待されている理由を述べれば、既存の制度・金融システムの枠を超えた資金融通の可能性の高いことである。たとえば、いま政府が力を入れている6次産業化支援でも、農家がそれを見込んで農家レストランの経営を始めようとして交付金や各種出資制度の利用を検討しても、①手続の時間、②資金使途限定、③目的制限（観光誘致が入ると支援対象外）等、縦割り行政の限界が出てくる。

その点、特に「購入型」クラウドファンディングにおいては、自由度が高く、生産者・消費者など市民ニーズに応えやすい資金調達が可能だ。また「ファンド型」クラウドファンディングにおいても、地域活性化のための事業プロジェクトへの資金供給という視点から、地域金融機関・農協ではできない機能を担うことが期待できるのである。

では、金融機関のクラウドファンディングに対する見方はどうだろう？　たとえば「ふるさと投資」においても、実際はクラウドファンディング運営会社への案件紹介にとどまり、自らプロジェクト案件を組成したり、自らの顧客に直接プロジェクト案件を提案したりするには至っていない。つまり、クラウドファンディング事業に本気で参入する気はない。なぜか？　その理由は3つあるといわれている。

①　採算性……現状日本でのクラウドファンディングの資金調達金額が少なすぎてコスト倒れとなりやすいこと

②　利益相反性……クラウドファンディングでの調達資金が金融機関融資の返済に充当されるおそれがあること

③　リスク説明困難性……元本保証のない出資案件ゆえ、金融機関の窓口で紹介するには

そのリスクの説明がむずかしく、取扱いに抵抗があること

この参入しない理由は一理あって否定はできない。しかし第5章でも述べたように、地域金融機関は地域活性化および地元事業のために資金調達のシステムをつくりあげることが使命だ。それにいかに貢献できるか、の存在感が問われている。それゆえ、地域金融機関は参入をしなくても、クラウドファンディングをライバル視するのではなく、共存できるエコシステム（生態系）として地域で確立する道をぜひ選択してほしいと思う。

この本を手にとって読んでいただいた皆さんは、なんらかの事情でクラウドファンディングに興味をおもちの方だと思う。①起案者（資金調達者）として、②支援者（資金出資者）として、③運営者として、④提携パートナーとして、この仕組みがもつ可能性を十二分に生かし、1つでも1人でも多くの夢を叶えてもらえるよう参加し行動してほしい。

特に金融パーソンには組織の一員としてということも大事だが、一個人としてまずはぜひかかわってみることをお勧めする。主体的に動くことが何よりもクラウドファンディングの魅力を理解し組織を動かす早道になるからだ。

本書との出会いにより、クラウドファンディングという世界をあらためて認識し、その活用について前向きになる人が1人でも増えてくれれば、筆者としてこれほどうれしいことはない。またTFFのサイト（https://www.tff.or.jp/）もぜひ覗いてほしい。

筆者は現在、①**クラウドファンディング事業**（TFF）、②**ベンチャーキャピタリスト事業と並び**、③**FA（ファイナンシャルアドバイザー）**としてM&Aを含む幅広い財務戦略アドバイス（資金調達～資産運用）事業を行っている（有限会社あおむしマネジメント：http://aomushi-mgmt.com/）。読者のなかで、ご相談したいことがあれば、筆者のEメールアドレス（a.sasaki@aomushi-mgmt.com）までご連絡いただければ幸甚である。精一杯の回答をしたいと思う。

最後に、本書出版の機会および企画段階から貴重なアドバイスをいただいた一般社団法人金融財政事情研究会の谷川治生理事、伊藤洋悟氏、幼く手がかかる子どもを抱えつつ、デザイナーの仕事を深夜までこなし、さまざまな困難を乗り切る勇気と励ましをくれた妻、傘寿（さんじゅ）を迎えてもいつも明るく元気に支えてくれる両親、大手商社で多忙のなか、TFFを盛り上げる戦略的活動家であり、第7章の原稿草案を提供していただいた染谷悟氏をはじめとするTFFの仲間など、皆さんがいなければ本書は生まれなかっただろう。心から感謝したいと思う。
そして、応援していただいているすべての方々のおかげでもある、と肝に銘じている。
本当にありがとう！

【著者プロフィール】

佐々木　敦也（ささき　あつや）

　1983年、筑波大学第一学群社会学類（法律学専攻）卒、住友信託銀行（現三井住友信託銀行）。および朝日生命保険でエコノミスト、債券・為替ファンドマネージャー、朝日ライフアセットマネジメントで年金ポートフォリオマネージャー等を歴任。

　2003年、既存にない経済・金融サービスを目指して独立。豊富な金融経験を生かし、起業支援NPO、金融コンサルティング・不動産・M&A・投資教育事業会社などを設立、運営を行う。実績案件多数。

　2014年5月、クラウドファンディング事業を行う一般社団法人「筑波フューチャーファンディング（TFF）」設立。代表理事に就任。

　現在、TFF運営の傍ら、クライアントにFA（ファイナンシャルアドバイザー）としてM&Aを含む幅広い財務戦略アドバイス（資金調達～資産運用）を行っている。

　有限会社あおむしマネジメント代表取締役。

　公益社団法人日本証券アナリスト協会検定会員。宅地建物取引士。

《主な著書》

・『必ずよくわかる新しい年金制度401k』（共著、総合法令、2002年5月）

・『図解　超かんたん　会社設立の段取り』（共著、中経出版、2002年12月）

・『ぼちぼちいこか！1億円』（共著、総合法令、2004年11月）

・『次世代ファイナンス　クラウドファンディングで世界を変えよう！』（ジャムハウス、2014年8月）

・『中小ベンチャー企業経営者のための〝超〟入門M&A』（ジャムハウス、2015年8月）

KINZAIバリュー叢書
ザ・クラウドファンディング

平成28年6月14日　第1刷発行

著　者　佐々木　敦　也
発行者　小　田　　　徹
印刷所　株式会社日本制作センター

〒160-8520　東京都新宿区南元町19
発　行　所　一般社団法人 金融財政事情研究会
編　集　部　TEL 03(3355)2251　FAX 03(3357)7416
販　　　売　株式会社 き ん ざ い
販売受付　TEL 03(3358)2891　FAX 03(3358)0037
URL http://www.kinzai.jp/

・本書の内容の一部あるいは全部を無断で複写・複製・転訳載すること、および磁気または光記録媒体、コンピュータネットワーク上等へ入力することは、法律で認められた場合を除き、著作者および出版社の権利の侵害となります。
・落丁・乱丁本はお取替えいたします。定価はカバーに表示してあります。

ISBN978-4-322-12880-2